Bendiciones del cielo
Jeslyn!

P.O. Mantita Soto
Santos Ministry Inc.

D1521824

Una taza de chocolate con Dios

MARTITA SOTO
Prólogo: Pastor Elvis Soto

Portada: Pastor **Elvis Soto**
Casa Gracia
Orador Programa Radial "Un Momento con Dios"

Foto de Martita Soto:
Beny Mora
JbMora Photography - 787-955-1060

Arreglo personal:
Reynaldo Vélez Salón
787-315-3117

Para pedidos:
Martita Soto
540-370- 8963
E-mail: *martitasotomsda@yahoo.com*

Texto bíblico tomado de
Reina-Valera 1960 (RVR1960)

Contenido

Martita Soto

Reconocimientos

Por mucho tiempo pensé en cómo escribir esta parte que todo libro tiene en sus primeras páginas. Practicaba en mi mente cada una de las oraciones y el orden que debían tener. ¡Llegó el gran día! Ya no es una práctica. Hoy, quiero dar gloria y honra a mi Señor Jesús, mi Salvador, por el privilegio de ser usada para escribir "Una taza de chocolate con Dios". Por traer a mi vida todos los recursos necesarios para que este sueño que Él puso en mí hoy sea una realidad.

Reconozco primeramente la vida de mi familia, en especial mi amado esposo por siempre estar a mi lado de forma incondicional. A mis hijos y nietos quienes día a día le dan propósito a mi vida.

A mi hermano, Elvis Soto, Pastor de la Iglesia Casa de Gracia Leesburg en Florida, ser de inspiración a mi vida.

Agradezco de forma especial a mis hermanos y fieles colaboradores de nuestro ministerio, Charlie y Miosotis, propietarios de Maldo's Pizza, por poner la primera semilla en este proyecto.

Reconozco a una persona especial, a quien puedo llamar mi colaboradora, quien me ha ayudado en los últimos años a darle vida a los sueños que el Señor me ha dado. Ella ha sido la persona encargada de editar todas y cada una de las líneas de este libro.

A cada una de las personas que han sido fieles colaboradores de nuestro ministerio, de tantas formas y maneras, por *haber sido de inspiración a mi vida para continuar sin pensar en rendirme.*

Doy gracias a mi madre, ya gozándose en la presencia del Señor, por haberme dado el mejor ejemplo de lucha y de mujer de oración.

Una vez más, al Dios todo poderoso, por cada proceso y por cada desierto, porque por medio de ellos he aprendido a formar mí carácter conforme al de Él. ¡Toda la gloria y la honra le pertenecen siempre!

Martita Soto

Martita Soto

Prólogo

¡Qué escritor! ¡Qué maravillosa pluma y qué forma de redarguir a unos e inspirar a otros! ¡Qué talento, qué forma de escribir! Con su destreza y su habilidad separa los culpables de los inocentes, los acusadores de los redimidos. El grupo finalmente, quedó muy reducido y a falta de audiencia, preguntó a la mujer: "¿Dónde están los que te acusan?; sin mediar respuesta, Jesus añadió, ¡ni yo te condeno!

Una Taza de Chocolate con Dios encierra un rema divino necesario para esta era, pero reservado para los buscadores de tesoros. Esta pluma inspirada busca traer descanso a hombres y mujeres de rodillas ante su Señor. Afligidos por una carga o acusados por sus circunstancias diarias.

"Por lo tanto, ya que estamos rodeados por una enorme multitud de testigos de la vida de fe, quitémonos todo peso que nos impida correr, especialmente el pecado que tan fácilmente nos hace tropezar. Y corramos con perseverancia la carrera que Dios nos ha puesto por delante". **Hebreos 12:1**

El escritor a los hebreos reconoce la presencia de una gran nube de testigos ante los cuales sentimos la responsabilidad de brillar. Y en esta carrera que llamamos vida, nos toca desprendernos de todo peso (los corredores antiguos corrían prácticamente desnudos) y del pecado que continuamente asedia.

¡Qué maravilla! A continuación te encontrarás con capítulos que abrirán tus ojos. Hay cosas que no son pecado, pero son un peso innecesario para avanzar. Aligera tu carga para correr más rápido, correr mejor y correr como quien quiere y puede ganar.

Quizás ha escuchado la frase del populacho, lento, lentísimo o parado, ¿cuál es su velocidad? Espero que ninguna de estas. Pero si algo le detiene, estas páginas le animarán a soltar, a dejar ir, a tomar decisiones para seguir avanzando y regresar a la carrera con grandes posibilidades de obtener la corona.

¡Oh, qué extraordinario! Por otro lado, hay hábitos en nuestra vida que nos llevan a pecar. Ese asedio constante, advirtió Santiago, cuando dijo: *"No le eches la culpa a papa Dios..!,* Santiago 1:13; (estoy parafraseando para hacerlo mas interesante). Precisamente, de tu naturaleza surge la tentación o asedio a distraerte y pecar. Entiende que el pecado busca reducir tu velocidad, si es posible detenerte y como último, derribarte para no levantarte jamás, o en las peores circunstancias, correr en dirección contraria que no es otra cosa que una vida en absoluta y constante negación de la fe que una vez profesaste. Tan solo imaginarlo es completamente inverosímil.

"Por lo tanto, renueven las fuerzas de sus manos cansadas y fortalezcan sus rodillas debilitadas. Tracen un camino recto para sus pies, a fin de que los débiles y los cojos no caigan, sino que se fortalezcan". Hebreos 12:12-13

Este libro captura aspectos de nuestra vida diaria en acorde con verdades espirituales profundas que solo se pueden entender en una charla con nuestro Creador. Cada capítulo de *Una taza de Chocolate con Dios,* es una cita breve pero inolvidable con verdades que solo se aprenden en su presencia. ¡Un momento de quietud en cualquier momento del día o de la noche! La ilustración de su título no puede ser más cautivante. El aroma caliente y dulce del cacao y

Martita Soto

azúcar, la crema de la leche que acaricia mi nariz me lleva al éxtasis apropiado para respirar su aire y recibir un rema divino, *necesario y apropiado para mi momento y para la eternidad*.

"¿No se dan cuenta de que en una carrera todos corren, pero solo una persona se lleva el premio? ¡Así que corran para ganar! Todos los atletas se entrenan con disciplina. Lo hacen para ganar un premio que se desvanecerá, pero nosotros lo hacemos por un premio eterno. Por eso yo corro cada paso con propósito. No solo doy golpes al aire".
1 Corintios 9:24-27

Martita nos escribe del corazón, de un corazón experimentado. Podría escucharla decir, "¡No hay tiempo que perder!. Si vas a correr, corre para ganar". Este libro es provocativo y alentador, pero en forma vivencial y práctico busca sacarte de tu carrera por unos minutos (como las competencias de Formula I) y sin mucha fanfarria, cambiar tus llantas, tu aceite y llenar tu tanque y que arranques a toda velocidad.

Una pausa, un chocolate, una plática franca y que sigas tu día lleno de paz y determinación.

Instrucción final: No lo lea de una vez, lea un capítulo y absorba con calma cada traguito caliente de revelación e inspiración, cierre sus ojos, disfrute y vuelva a tomar. Nada más confortante al alma que busca nuevas fuerzas que **¡UNA TAZA DE CHOCOLATE CON DIOS!**

Elvis Soto
Hermano de la Autora
Predicador y Pastor Casa Gracia
Orador Programa Radial "Un Momento con Dios"

Un sueño hecho realidad

Un día, hace un tiempo atrás, esta explicación de parte del Espíritu Santo cambió mi vida para siempre. Muchos de nosotros siendo servidores de Cristo, queremos ser los que organicemos nuestra vida. Decimos que le entregamos el plano de nuestra vida y al poco rato nos encontramos haciendo uno nuevo, como el que no está de acuerdo con las especificaciones que tiene el plan del Señor. Cuando comencé el pastorado, como la mayoría, lo comencé en mi casa. Como era lógico (para mí) preparé mi programa de cultos: los martes, culto de oración, jueves, culto de adoración, y el culto del domingo. Hice algo escrito muy bonito. Todo parecía perfecto, ¿por qué no? Esto era lo que tenía y hacía todo el mundo, pero siéndoles honesta, no fluía todo como debía, sentía que faltaba algo. Pasaron unas cuantas semanas y el dueño de mi vida me llamó para hablar conmigo y darme instrucciones de lo que debía hacer. Me dijo: "ven, que tenemos que hablar y con libreta en mano". Fui, por supuesto, a nuestro lugar de reunión, mi habitación. Fue directo a lo que quería decirme: "Vas a hacer **una taza de chocolate con Dios**", refiriéndose, por supuesto, a mi programa de culto. Solo eso, no domingos, no martes. Me mostró el logo de esta reunión. Una taza, con su chocolate y el humito que representaba el caliente. Luego de esto no podía faltar mi pregunta ante algo tan diferente y con un nombre tan peculiar. "Señor, ¿una taza de chocolate con Dios?". "Sí, -me dijo- y vas a invitar a todo el mundo", -hablándome en un lenguaje que yo entendía. Cuando comencé le decía al Señor que solo invitaría a personas que no le conocieran, por temor a que hubiera malos entendidos. Es que en ocasiones son nuestros temores los que nos privan de la bendición de Dios y no nos permiten obedecerle totalmente. Quise saber qué de especial tendría esta reunión y por qué el nombre. Fue cuando el Señor me dijo: "Quiero que veas una caja de herramientas, -me preguntó- ¿la ves?". Le dije: "sí Señor, la veo". Como si la hubiera abierto delante de mí, me preguntó: "¿Ves todas las herramientas?". Le contesté: "Sí Señor, las veo". Continuó hablando: "Todas tienen un uso diferente". Le dije: "Así es". Me dijo: "Así es el hombre, como un caja de herramientas, provisto, creado a mi imagen y semejanza. Tiene en él todas las herramientas para vivir este hermoso camino que se llama vida, para vivir una abundante en mí. Sucede que no las saben usar, o las han utilizado mal. *Una taza de chocolate con Dios* será una reunión con una enseñanza que cambiará la forma de vivir de muchos, lo que la iglesia llama vivir, lo que la iglesia llama evangelio, y lo que el mundo piensa que es ser cristiano". Me dijo: "Haz una invitación y regala tazas, con la invitación adentro, y dale una a todo el que se cruce en tu camino".

Luego, mostrándome una mochila con provisiones y equipo, me dijo: "Esto es lo que necesitas para vivir una vida abundante en mí. Tienes todas las herramientas en ti y yo te las entregué en el Gólgota, pagué el precio, recorrí este camino antes que tú, probé cada una de ellas, y todas funcionan. No hay nada que tú puedas experimentar que yo no lo experimenté antes".

Ser cristiano es un estilo de vida que nos diferencia del mundo. Las herramientas nos dirán cómo manejar cada situación que se nos presente, cada proceso que nos toca vivir. Hablamos de nuestros estados de ánimos, Dios nos hizo así. Hablamos de eso que se llama emociones, que nos llevan a experimentar *tristeza, alegría, soledad, angustia, sentido de perdida, depresión, temor.* Si te preguntase de todos estos cuál sería el único que desearías experimentar estoy segura me dirías alegría. Pero la realidad es que todos forman parte de nuestras herramientas de vida y por ende, de nuestro equipaje de viaje. No es difícil de entender, no puedes reír cuando quieres llorar, igual a la inversa, no puedes llorar cuando quieres reír. Esto no podría catalogarse como algo normal. Porque fuimos creados con el modelo perfecto de Jesucristo. Cuando mencionamos la palabra depresión todo lo que viene a nuestra mente es medicamentos, psiquiatras, hospitales; y hasta falta de espiritualidad.

***¡Jesús el hijo de Dios estuvo deprimido, angustiado, y no fue cualquier angustia, estuvo angustiado hasta la muerte!* Mateo 26:38**

Entonces les dijo: *"Mi alma está **muy afligida**, hasta el punto de la muerte; quedaos aquí y velad conmigo"*.

Juan 12:27

Ahora mi alma se ha angustiado; y ¿qué diré: "Padre, sálvame de esta hora? Pero para esto he llegado a esta hora".

Isaías 53:3, 10

Fue despreciado y desechado de los hombres, varón de dolores y ***experimentado en aflicción***; y como uno de quien los hombres esconden el rostro, fue despreciado, y no le estimamos...

¿Qué tal la soledad?

Hay momentos en los que necesitamos ese tiempo solos con nuestro Padre. Jesús lo hizo siempre que entendió necesario hacerlo. Se apartaba de la multitud y aun de los discípulos. Hay momentos en que es necesario estar solos, es saludable para nuestra edificación. Para hablar con nuestro Dios y que él nos hable.

Lucas 6:12

En esos días Él *se fue al monte a orar*, y pasó toda la noche en oración a Dios.

Mateo 14:23

Después de despedir a la multitud, *subió al monte a solas para orar*; y al anochecer, estaba allí solo.

Marcos 1:35, 36

Levantándose muy de mañana, cuando todavía estaba oscuro, salió, y *se fue a un lugar solitario*, y allí oraba....

Marcos 6:46

Y después de despedirse de ellos, *se fue al monte a orar*.

Juan 6:15

Por lo que Jesús, dándose cuenta de que iban a venir y llevárselo por la fuerza para hacerle rey, se retiró otra vez *al monte Él solo*.

¿Qué tal si mencionamos la tristeza?

¡Jesús lloró!, y no de alegría. Lloró porque se sentía triste, porque experimentó la pérdida. Lázaro, el que él amaba, su amigo, murió. Lloró frente a su tumba, porque estaba triste, no estaba feliz, no podía manifestar alegría, no podía reír, lloró. Cuando hay necesidad de llorar, hay que llorar porque esa es una de nuestras herramientas y tenemos que hacerlo sin sentirnos culpables. Porque esa es la perfección con que fuimos creados.

Muerte de Lázaro

"Jesús entonces, al verla llorando, y a los judíos que la acompañaban, también llorando, se estremeció en el espíritu y se conmovió y dijo: ¿Dónde lo pusisteis? Le dijeron: Señor, ven y ve. Jesús lloró. Por eso los judíos decían: Mirad, cómo lo amaba". Juan 11:33-36

El Señor quiere que usted y yo lo entendamos, que para que podamos vivir la vida abundante que se compró en la cruz del calvario, por la que usted y yo no pagamos, fue un regalo. Por lo mismo, tenemos que ser libres y vivir un evangelio real que podamos decirle al mundo el Cristo que yo predico no es un dictador, es uno que experimentó todo lo que usted puede experimentar en este camino y le entiende. Si usted decide seguirle y obedecerle él va a estar con usted siempre.

Hebreos 4:15

Porque no tenemos un sumo sacerdote que no pueda compadecerse de nuestras flaquezas, sino uno que ha sido tentado en todo como nosotros, pero sin pecado.

Jesús dijo: *"Estas cosas os he hablado para que en mí tengáis paz. En el mundo tendréis aflicción; pero confiad, yo he venido al mundo".* Juan 16:33

Quiero concluir con lo que no podemos hacer con ninguna de las herramientas que nos han sido entregadas. Me refiero a que no podemos permanecer utilizando algunas de ellas de forma indefinida. No podemos permanecer en ninguno de estos estados. No hemos sido creados para vivir tristes, ni en angustia, ni mucho menos en pérdida. Tampoco para estar solos o vivir en soledad. Como claramente lo establece la palabra, todo tiene su tiempo.

¿Cuándo la tristeza representa un problema? Cuando usted decide o por el tiempo que lleva triste, que no puede salir de ahí. No podemos permanecer en ningún estado. Todos son transitorios.

Siento temor pero lo supero, porque aunque es una reacción normal, si me quedo ahí, me paralizo, y ese no es el plan de Dios para nuestra vida.

No sé cómo habrá vivido este hermoso camino que se llama vida hasta ahora, pero espero que este libro le cambie la vida, por la verdad que encierra; también cambió la mía. Quizas ha conocido o está conociendo a un Dios que es recto, que no compromete sus principios. Pero también le servimos a un Dios que te creó perfecto para que pudieras batallar en un mundo imperfecto. Somos la corona de la creación, la obra perfecta de Dios. ¡Él quiere que vivas!

Cuando por primera vez habló a mi vida de *una taza de chocolate con Dios,* me dijo: "La reunión, la radio y luego el libro. Si está leyendo esto es porque llegamos a la tercera encomienda del Señor. Espero que disfrute de lo que comienza a leer.

¿Cómo ha sido su relación con Dios hasta el día de hoy? ¿Estaba disfrutando su estadía en este mundo? ¿Andaba con o sin herramientas, o con ellas sin saber usarlas? Le invito a compartir "Una taza de chocolate con Dios", el libro que cambiará su vida y, recuerde que el Señor invita, ¿acepta?

Martita Soto

¡BIENVENIDOS
a tu lugar de refugio!

"Una taza de chocolate
con *Dios*"

Todos los jueves a las 7:30 p.m.

"La reunión que cambiará tu vida".

Iglesia Misionera Sonrisa de Amor, Inc.

Carr. #2 Km 90.3
Barrio Puente Peña, Camuy

TELÉFONO:
787-454-9963

Primera invitación circulada para "Una taza de chocolate con Dios", la reunión.

Cuidado a quién le abres la puerta

*"El ladrón no viene sino para hurtar y matar
y destruir, yo he venido para que tengan vida
y para que la tengan en abundancia".*
Juan 10:10

Debe ser difícil la experiencia de haber sido víctima de un asalto, y tener que contarlo debe ser todavía peor. El hecho de que alguien penetre a tu casa a la fuerza, invada tu privacidad, entre sin tú estar de acuerdo, eso debe ser indudablemente difícil para cualquiera que lo haya vivido. Pensar que alguien que no viene con buenas intenciones entró a tu casa, alguien que solo busca hacer daño, robar, destruir todo lo que con tanto esfuerzo has logrado conseguir. Es que definitivamente solo la persona que lo ha experimentado puede entender de lo que estamos hablando.

Pero qué tal si yo te dijera que de la misma forma en que estamos expuestos en el mundo natural lo estamos en el mundo espiritual, conforme lo establece la palabra del Señor. Solo que hay una diferencia que quizás te sorprenda y es que en el mundo natural jamás dejaríamos entrar a un ladrón a nuestra casa, libre y voluntariamente, de hecho de solo pensarlo me aterroriza la idea. Sin embargo, no tenemos el mismo cuidado en nuestra vida espiritual. De hecho, hasta me puedo imaginar forcejeando con el ladrón yo detrás y él del otro lado de la puerta, haciendo resistencia con todas mis fuerzas, porque sé que es un ladrón y me niego a dejarlo entrar a mi casa. Ahora, si lo antes dicho te sorprende, cuánto más el hecho de que eres tú quien puedes estar facilitándole el trabajo al ladrón que te está robando todo lo que con tanto esfuerzo te ha costado tener al día de hoy. ¿Yo? ¿Cómo habría de entregarle todo? ¿Cómo le abriría la puerta sabiendo que es un ladrón? Ese es el problema, que debemos aprender a identificar aquellas cosas, personas o hechos que están ahí para ocupar el puesto de ladrón en nuestra vida. Sin darnos cuenta le abrimos la puerta para que entre y sea parte de nuestra vida y poco a poco vaya hurtando mi paz, mi sueño, mi tiempo con Dios, en fin todo en mi vida. Cuando la palabra habla de hurtar, se refiere a un proceso sigiloso que se va llevando a cabo poco a poco sin que nos demos cuenta. El primer paso es abrir la puerta, luego comienza a darse esta dinámica y no es hasta después de un tiempo, cuando las cosas se van saliendo de control, es que me percato de que ha entrado un ladrón a mi casa. Jesús dijo: "El ladrón no viene sino a hurtar, es el comienzo de un trabajo, de una encomienda en el mundo espiritual para destrucción de tu vida y la mía si no lo identificamos inmediatamente". Lo segundo que dijo Jesús acontecería fue que vino a matar, es tan edificante ver el orden de la palabra del Señor. ¿Qué ladrón entraría a tu casa a robar sin tener juntamente la intención de matar? Ninguno. Es casi una teoría escrita. "El que entra a robar lleva en mente la intención de matar". Es un paquete completo. Luego que el enemigo de las almas, quien es el ladrón, logra entrar y hurtar poco a poco todo lo que puede en nuestra vida, entonces comenzará a planificar nuestro fin como hombres y mujeres de Dios. Su motivación la obtendrá de nosotros mismos. Cuán cómodo se mueva en mi vida. Cuán fácil le haga yo su trabajo. Si puede observar en mí una vida de palabra, de frutos, que le convenza como para huir de mi vida. La palabra del Señor dice: ***"Someteos pues a Dios, resistid al diablo y huirá de vosotros".*** Santiago 4:7

Jesús nos dejó claro, "cuídate del ladrón", él vino a robarte lo que yo ya pagué para ti. Una vez cumple con su encomienda de que mueras junto con todo tu paquete de sueños y bendiciones, celebra tu destrucción. Jesús dijo: "Él vino a hurtar, matar y destruir". Él destruirá todo lo que encuentre a su paso; sueños, ilusiones, llamados, ministerios. En cambio, hay una hermosa verdad que también es parte de este versículo, también de los labios de Jesús: "Yo he venido para que tengan vida y para que la tengan en abundancia". No es cualquier vida, no es una vida con limitaciones, él dijo: "vine a darles vida pero una vida rica en todas las áreas, sin excluir ninguna". Cuando profundizamos en esta verdad, podemos entender el porqué del tamaño de nuestras batallas. La palabra del Señor nos promete una vida en la que no careceremos de nada porque él hizo provisión de todas ellas por medio de su hijo Jesucristo. En este hermoso camino que se llama vida, tendremos que estar alerta, conscientes de que estamos en la mira de un enemigo, observándonos para que al menor descuido entrar a nuestra casa (vida) y no descansar hasta vernos destruidos. Nuestro Dios está al tanto de lo que nos cuesta mantenernos firmes para llegar hasta el final. Él conoce nuestras debilidades, sabe que no podemos solos. Podemos confiar en su compañía, en sus cuidados. Él nos ayuda por medio de su Espíritu Santo a identificar al ladrón. Lo que menos te imaginas, aquello que parece parte de tu diario vivir, puede ser eso lo que el enemigo esté utilizando para robar las bendiciones que Dios tiene para ti.

Piensa: *Es momento de identificar aquellas cosas que has estado perdiendo por haberle abierto la puerta sin darte cuenta al ladrón, al que vino a hurtar, a matar y a destruir. ¡Te invito a comenzar a cerrarlas!*

Noticia en el cielo, alboroto en el infierno

"No penséis que he venido a traer paz a la tierra.
No vine a traer paz, sino espada".

Mateo 10:34

Lo que voy a compartir en esta ocasión un tema de mucha importancia para que no claudiquemos en este camino. Es una de las áreas en la vida del cristiano donde más atacados somos. Pero si lo llevamos a la luz de las escrituras, es uno de los temas más fáciles de entender, porque es imposible que se ilustre de forma más clara a lo largo del ministerio de Jesús. Aunque tengo que decir que tal parece que es un tema desconocido para cada uno de nosotros porque cuando tenemos que lidiar con esta situación logra detenernos. Ni siquiera puedo decir desanimarnos, la palabra correcta es que nos detiene. ¿De qué estoy hablando? Me refiero a cuando lo que estamos haciendo para Dios comienza a ser noticia en el cielo, y sabiéndolo, le ponemos más atención al alboroto que la vida de nuestros frutos está provocando en el infierno.

Jesús dijo: ***"No penseis que he venido para traer paz a la tierra; no he venido para traer paz, sino espada. Porque he venido para poner en disensión al hombre contra su padre, a la hija contra su madre, a la nuera contra su suegra; y los enemigos del hombre serán los de su casa".***
Mateo 10:34-36

Nueva Versión Internacional (NVI)

Martita Soto

Entonces está demasiado claro que no debería de causarme asombro las luchas que una vida consagrada y firme en su fe va a provocar revuelo, alboroto, literalmente hablando, cuando se manifieste por medio de su vida el carácter de Jesús.

"Dijo entonces Jesús a los judíos que habían creído en él: Si vosotros permaneciereis en mi palabra, seréis verdaderamente mis discípulos; y conoceréis la verdad, y la verdad os hará libres. Le respondieron: Linaje de Abraham somos, y jamás hemos sido esclavos de nadie. ¿Cómo dices tú: Seréis libres? Jesús les respondió: De cierto, de cierto os digo, que todo aquel que hace pecado, esclavo es del pecado. Y el esclavo no queda en la casa para siempre; el hijo sí queda para siempre. Así que, si el Hijo os libertare, seréis verdaderamente libres. Sé que sois descendientes de Abraham; pero procuráis matarme, porque mi palabra no halla cabida en vosotros. Yo hablo lo que he visto cerca del Padre; y vosotros hacéis lo que habéis oído cerca de vuestro padre". Juan 8: 31-38

Jesús habló de una única verdad en todos sus mensajes. Predicó un mensaje radical, sin ninguna clase de adorno a sus palabras, y era obvio que su mensaje causaba molestias al que insistía en predicar un evangelio que era justo para algunos por su posición y para otros era uno que esclavizaba emocional y espiritualmente. Me gustaría retomar estos versos que aportan tantas respuestas a nuestra vida, y sobre todo paz. Él dijo: "No he venido a traer paz, no lo crean, por el contrario, conflicto". Otras palabras para conflicto son: guerra, peleas, discusión. "No es posible, -quizás dirán muchos- ¿cómo Jesús?, él no pudo venir a traer guerra". Pues sí, lo dice la palabra. Él mismo lo dijo, estas palabras salieron de su boca y son de forma literal, no hay otra interpretación y tratar de dársela provocaría en nosotros una laguna mental. Nuestro estilo de vida cuando es uno que busca hacer la voluntad de Dios en todo, va a provocar conflicto contra todo aquel que camine en contra de esto. Por eso Jesús lo llevó a lo que a muchos pudiese parecerle los extremos: al hijo contra el padre, a la hija contra la madre, a la nuera contra la suegra, los enemigos de cada cual serán los de su propia familia. Y es porque las luchas más grandes, las que más difíciles se nos hace identificar son las que tenemos en la casa. **Pero que no tiene nada que ver con quienes son, sino por lo que somos nosotros en Dios.** La palabra nos enseña en el libro de Juan, capítulo 7 verso 5, que ni aun sus hermanos creían en él. Jesús lo dejó escrito en su palabra para que no llamáramos "sorpresa a nada en este mundo". **Cada experiencia vivida, buena o mala, es solo una confirmación del ministerio de Jesús aquí en la tierra.**

Vayamos al libro de Isaías, capítulo 61, versos 1 al 11. Este es uno, como muchos otros, que casi repetimos de forma automática y como una poesía. Pero siendo uno que encierra tanta verdad, debemos entender lo que se dice aquí acerca de Jesús. Él lo tuvo claro y caminó con esta convicción en su vida. Pagó el precio y llegó hasta el final sin dudar que estaba haciendo la perfecta voluntad del Padre por lo que llegó a padecer muerte de cruz. Me refiero al pasaje de las buenas nuevas.

Buenas nuevas de salvación para Sion

[1]"El Espíritu de Jehová el Señor está sobre mí, porque me ungió Jehová; me ha enviado a predicar buenas nuevas a los abatidos, a vendar a los quebrantados de corazón, a publicar libertad a los cautivos, y a los presos apertura de la cárcel; [2]a proclamar el año de la buena voluntad de Jehová, y el día de venganza del Dios nuestro; a consolar a todos los enlutados; [3]a ordenar que a los afligidos de Sion se les dé gloria en lugar de ceniza, óleo

Martita Soto

de gozo en lugar de luto, manto de alegría en lugar del espíritu angustiado; y serán llamados árboles de justicia, plantío de Jehová, para gloria suya. *4Reedificarán las ruinas antiguas, y levantarán los asolamientos primeros, y restaurarán las ciudades arruinadas, los escombros de muchas generaciones. 5Y extranjeros apacentarán vuestras ovejas, y los extraños serán vuestros labradores y vuestros viñadores. 6Y vosotros seréis llamados sacerdotes de Jehová, ministros de nuestro Dios seréis llamados; comeréis las riquezas de las naciones, y con su gloria seréis sublimes. 7En lugar de vuestra doble confusión y de vuestra deshonra, os alabarán en sus heredades; por lo cual en sus tierras poseerán doble honra, y tendrán perpetuo gozo. 8Porque yo Jehová soy amante del derecho, aborrecedor del latrocinio para holocausto; por tanto, afirmaré en verdad su obra, y haré con ellos pacto perpetuo. 9Y la descendencia de ellos será conocida entre las naciones, y sus renuevos en medio de los pueblos; todos los que los vieren, reconocerán que son linaje bendito de Jehová. 10En gran manera me gozaré en Jehová, mi alma se alegrará en mi Dios; porque me vistió con vestiduras de salvación, me rodeó de manto de justicia, como a novio me atavió, y como a novia adornada con sus joyas. 11Porque como la tierra produce su renuevo, y como el huerto hace brotar su semilla, así Jehová el Señor hará brotar justicia y alabanza delante de todas las naciones".*

La palabra nos dice que al igual que Jesús, nosotros hemos sido ungidos para anunciar las buenas noticias del reino. Para decirle al mundo, a todo el que tengamos la oportunidad, que Jesús vino a libertarle, que vino a vendar a los quebrantados de corazón, y al que está preso en toda clase de delitos y pecados que hay esperanza. Que él vino a reedificar, hacer justicia, y a restaurar. Que nosotros seremos llamados ministros suyos. A echar fuera toda confusión para que seamos libres de toda angustia. Todo esto se llama verdad que liberta. Todo esto nos hace noticia en el cielo, pero crea un alboroto en el infierno porque el enemigo, por el contrario, usará a todo el que se deje usar para detener y obstaculizar la restauración y la liberación de un alma.

Debemos entender que si nos disponemos a vivir una vida totalmente alineada con lo que establece la palabra del Señor, sin añadirle ni quitarle, vamos a tener que librar grandes batallas. Debo mencionar que muchas de ellas las van a sentir, aunque no las vean. Y quiero explicarle a qué me refiero cuando digo esto. Es que tendrán enemigos que vendrán de frente, a quienes podrán verle su rostro. Son esos que se presentan delante de usted y como los fariseos y publicanos, tratan de tergiversar la palabra delante de todos con el único propósito de hacerle quedar mal. Tendrán otras batallas que aunque no tienen ni rostro ni nombre, sabrán que están pasando porque lo pueden sentir por medio del Espíritu Santo, quien nos revela todas las cosas. **Habrá grande oposición a su trabajo en el reino, sobre todo cuando hay un me propongo en su corazón de permanecer, no importa lo que se levante en su contra.**

Es importante hablar de este tema porque hemos sido llamados a anunciar buenas nuevas y sanar al mundo que no las conoce, pero por causa de aquellos que trabajan en contra de lo que establece la palabra estamos como iglesia invirtiendo mucho más tiempo en sanar a los que ya están. Encontrándonos con la obligación de usar el tiempo que debemos usar para evangelizar las almas que no le conocen, porque se ha dejado de predicar el evangelio de Jesús.

Martita Soto

Es necesario volver a leer la palabra cuando dice que tu lucha no es contra sangre y carne, es contra principados, potestades, contra los poderes de este mundo de tinieblas (*Ref. Efesios 6:12*). El infierno se levanta cuando identifica a un hombre o una mujer de Dios que ha dispuesto su vida y su corazón como un recipiente de Dios. Aquellos en quienes Dios ha depositado sus planes para alcanzar las almas que de otra manera están destinadas a perderse. No nos pueden sorprender nuestras batallas, como si no fuéramos personas entendidas. Donde quiera que Jesús se detenía motivado por el dolor, la enfermedad o atadura de alguna vida, todos sabían de su presencia, por el revuelo que provocaba en el lugar. **Donde quiera que esté un hijo de Dios cargando presencia, provocará que el infierno se alborote, pero será noticia en el cielo.**

Nos tomaría mucho tiempo citar todos los pasajes que dan testimonio de esta verdad porque en esencia lo vemos a través de todo el ministerio de Jesús. La mujer del flujo de sangre, una mujer enferma por doce años, que se atrevió a romper con todas las barreras morales y legales para solamente tocar el borde del manto del maestro. La multitud lo apretaba y Jesús dijo: "alguien me ha tocado, de mí salió virtud". En medio del alboroto que estaba provocando su presencia, estuvo sensible a la necesidad de aquella mujer. **El alboroto del infierno no puede tener más importancia para nosotros que el dolor del que sufre, del que está en espera de buenas noticias.** Jesús sabía que el infierno estaba desorientado por su presencia en la tierra. Todos hablaban, lo criticaban, procuraban matarlo, apedrearlo. Pero Él estaba enfocado en lo que había venido a hacer. Él vino a buscar y salvar lo que se había perdido (*Ref. Lucas 19:10*). La mujer tocó el borde de su manto. Su fe la sanó y la salvó.

Jairo, un principal de la sinagoga, su hija gravemente

enferma le rogó que fuera para que la sanara, pero en tanto que atendió a la mujer del flujo de sangre, la niña murió. Entonces Jesús, con dos palabras comenzó a consolar a su padre: "No temas, cree solamente". ¡Qué momento! Se fue con tres de sus íntimos, en esta ocasión no permitió que le siguiese nadie más. Cuando llegó, el alboroto en esta ocasión ya estaba. Ese alboroto representa los que siempre van a estar observando y esperando para comenzar a difundir la información de lo que acontece en el lugar del milagro. Unos lloraban y otros se lamentaban. Jesús mismo le llamó alboroto, ¿por qué? Preguntó, "la niña no está muerta, sino que duerme". Fue en ese momento que comenzó lo que yo llamo el momento en que el infierno empezó a manifestarse. Comenzaron a burlarse, pero quiero que ponga atención especial a lo que Jesús hizo. "Más él echándolos fuera a todos"; se quedó con los que realmente se merecían estar en ese momento de gloria. **Usted y yo debemos hacer lo mismo, debemos estar apercibidos y no detenernos a darle importancia al alboroto que puede estar provocando su vida en el infierno, eso no merece nuestra atención.** Nuestra mirada, toda nuestra concentración, debe estar en aquello que anuncia al mundo la gloria de Dios (*Ref. Marcos 5:21-43*).

No estamos viviendo tiempos para estar distraídos o desenfocados. Vayamos a la palabra y filtremos lo que nos está pasando. ¿Estoy pasando por esto porque mi vida es una que muestra al mundo el evangelio de Jesucristo? Si su respuesta es sí, pues, ¡regocíjese y cante! Cuando estamos en el propósito de Dios seremos causa de alboroto. Serán muchos los que se levantarán en contra de toda aquella palabra o fruto que pueda traer libertad a la vida de todo el que esté cautivo. Después de hoy puede entender lo que significa: "Conoceréis la verdad y la verdad os hará libres". Esta poderosa palabra le hará libre a diario. Lo que antes

Martita Soto

no sabía o no entendía, hoy puede tener la oportunidad de saberlo y producirá en usted un conocimiento constante que le permitirá alcanzar la libertad que necesita y anhela su alma.

Piensa: *Hasta hoy, ¿cómo había estado identificando sus luchas? ¿Se encontraba llorando por sentirse rechazado y no amado por los que supone lo hicieran? Le entrego la verdad que hace libre. ¡Siga adelante! ¡Es noticia en el cielo!*

Abraham sin "GPS"

"Vete de tu tierra y de tu parentela
y de la casa de tu padre,
a la tierra que te mostraré…".
Génesis 12:1

He compartido tantas enseñanzas acerca de este versículo que hasta perdí la cuenta. Pero tenemos que oír la voz del Espíritu Santo cada vez que quiera mostrarnos algo que debemos saber en relación a la vida ministerial de nuestro padre Abraham. En esta ocasión, pensaba cuál hubiera sido el primer pensamiento de Abraham (ahora, en nuestro tiempo) cuando recibió las instrucciones de Dios de salir. Pues aquí está la respuesta, "le pido ayuda al GPS". Hoy día con todos los adelantos que tenemos a nivel tecnológico nuestra mente deja de ejercitarse. Con los celulares y la facilidad de guardar los números de teléfono de nuestros amigos y conocidos no nos los tenemos que aprender. Cuando necesitamos hacer una llamada solo lo buscamos en los contactos y listo. No tenemos ni la menor idea de con cuál numero empieza. Me atrevo a decir que una de las causas de los problemas mentales en nuestro mundo es por causa de la falta de uso de nuestra mente. Si hablamos de la elaboración de alimentos, que es lo mismo que aprender a cocinar, ahora se le llama "talento" o "no es para todo el mundo". Existen las comidas congeladas o enlatadas que solo necesitan unos minutos en el microondas. Por otro lado el famoso "GPS" te lleva directo al lugar donde tienes que ir, solo dale la información. Todo esto es bueno y nos simplifican la vida.

Martita Soto

¿Cuál es el problema entonces? Cuando pensamos que los asuntos del reino, mi llamado, mi ministerio, puede ser manejado como se maneja todo a nivel secular.

Si volvemos a nuestra historia, Abraham no tenía "GPS", pero aunque así hubiera sido, tampoco tenía la información que debía suministrarle, porque el Señor solo le dijo que saliera a la tierra que él le mostraría. Me imagino su rostro, su grado de impotencia. De hecho, sería más fácil si me dijeras para dónde voy, así le suministro la data. Parece gracioso, ¿no? Pero esta es nuestra historia. Queremos adaptar el evangelio a la rutina y la forma de operar del mundo. Para poder trabajar para el Señor queremos que se nos ofrezca toda la información de antemano. Solo así entramos en el plan de Dios para nuestra vida, porque es así como nos sentimos seguros. Te pregunto, ¿hubieras tú respondido al llamado de Abraham de forma inmediata y con tan poca información? No me contestes tan rápido. Lo que sucede es que Dios no solamente lo llamó sino que le hizo una promesa muy grande, tanto así que neutralizó la inseguridad y el temor que pudo haber producido aquel llamado.

El Señor le dijo: *"y haré de ti una nación grande, y te bendeciré, y engrandeceré tu nombre, y serás bendición. Bendeciré a los que te bendijeren, y a los que te maldijeren, maldeciré, y serán benditas en ti todas las familias de la tierra. Y se fue Abraham como Jehová le dijo; y Lot fue con él. Y era Abraham de edad de setenta y cinco años cuando salió de Harán".* Génesis 12: 2-4

Esta promesa fue lo que motivó a Abraham a obedecer las instrucciones que Dios le dio. El Señor siempre tiene un plan. Siempre existe un propósito en todo lo que nos pide que hagamos y el propósito primordial es bendecirnos. Esto es algo que nos resulta difícil entender y lo que en ocasiones, por nuestra falta de acción, se retrasa el cumplimento de sus promesas en nuestras vidas. Perdemos mucho tiempo analizando los requerimientos de Dios. Buscamos si es lógico o no.

Mientras el tiempo sigue pasando y el retraso toma el papel protagónico de la historia de nuestra vida.

Abraham no caminó por el llamado, fue la promesa lo que realmente lo movió a obedecer. Tenía que salir de la estabilidad en que se encontraba, estaba muy cómodo donde estaba, su casa, posesiones, familia. "Déjalo todo, ¿para dónde voy? Te lo mostraré. Pero te prometo que te voy a bendecir". Estas fueron las palabras para él. Estas son las mismas palabras para ti. ¡Déjalo todo, te voy a bendecir! El Señor sabe a dónde llevarte. Tú irás hacia donde verás el cumplimiento de la palabra que ha sido declarada sobre ti y los tuyos. No será lo rápido que estás acostumbrado, no es así como funciona. El tiempo de Dios es perfecto, pero en tanto que llega el tan esperado momento, mira la promesa.

Es un camino de fe, no lo que ves que está pasando, es lo que sabes que va a pasar.

En el Señor veremos realizados sueños que ya para nosotros habían caducado. Él viene a renovarnos y restaurarnos. Abraham no tenía hijos, Sara era estéril y muy avanzada en edad. Las posibilidades de tener descendencia eran cero. Pero un día Dios le dijo a Abraham: "Vete de tu tierra". Le estaba diciendo, este es el comienzo de lo que va a ser mi plan perfecto para tu vida. Vas a ver lo que tanto has anhelado, lo que has dado por perdido.

Es lo que el Señor te dice cuando venimos a sus pies, cuando le entregamos nuestro corazón, se restructura, se reorganiza el plano de tu vida. Esta vez bajo las directrices y supervisión de tu nuevo dueño. Él dirá de aquí en adelante cómo se van a hacer las cosas, porque esta vez te llevarán al fiel cumplimento de sus promesas. Si leemos toda la historia de Abraham, y por supuesto de Sara, veremos que aquella salida sin rumbo aparente para ellos, los llevó a donde Dios quería llevarlos. Muchos fueron los acontecimientos e inclusive errores que acompañaron a estos dos personajes en la historia.

Pero ni una cosa ni la otra anularon el plan y las promesas de Dios.

Cuando es Dios el que habla y promete no hay posibilidad de equivocaciones. De parte nuestra solo nos resta escuchar y obedecer. En el camino veremos todas y cada una de las palabras cumplidas.

Piensa: *¿Te has desesperado ante el llamado de Dios de caminar en fe no importando lo que tus ojos estén viendo? ¿Te has detenido por temor o porque no te parece lógico lo que Dios te está pidiendo que hagas? Mira la promesa, él no fallará en cumplir todo lo que te ha prometido. Cuando sientas que no puedes más, mira la promesa. ¡Su tiempo es perfecto!*

Cierra la puerta al pasado y recibirás las bendiciones del presente

"Jesús entonces, deteniéndose, mandó a traerle a su presencia; y cuando llegó le preguntó, diciendo: ¿Qué quieres que te haga? Y él dijo: Señor, que reciba la vista. Jesús le dijo: Recíbela, tu fe te ha salvado. Y luego vio, y le seguía, glorificando a Dios; y todo el pueblo, cuando vio aquello, dio alabanza a Dios".
Lucas 18:35-43

El estar ciego en el mundo natural, tiene también su significado en el mundo espiritual. El ver o no ver, distinguir lo que tengo delante, no siempre está determinado por mi visión natural o por un par de espejuelos que me completen un 20/20. Va más allá de eso. Es querer ver que hay cosas que me tocan a mí hacer para poder alcanzar metas trazadas, éxito en todo lo que emprendo, pero sobre todo ver el cumplimiento del plan de Dios para mi vida.

Tiene que haber una disposición de cambio en mí y determinación para dejar ir aquellas cosas que sé que me apartan y me impiden recibir las bendiciones que Dios tiene para mí en el presente. Para recibirlas siempre debo renunciar a las cosas pasadas. Y cuando hablamos de cosas pasadas, ¿a qué nos referimos? Nos referimos a todo aquello que llevo guardado en mi mente y en mi corazón que no lo estoy utilizando (aunque haya sido malo) como plataforma para comenzar mi nueva vida en Cristo. Debo dejar ir todo lo que dijeron de mí, vituperios, mentiras, enojos, en fin todo lo que te está deteniendo.

El ciego de Jericó, cuando escuchó que Jesús Nazareno pasaba por donde él estaba mendigando, comenzó a gritar con todas sus fuerzas para que él tuviera misericordia y le sanara. Aun cuando no veía, estaba decidido a cambiar su condición y a empezar a recibir de ahí en adelante las bendiciones que podía ofrecerle una nueva vida.

Quizás me dirás, pero él no decidió ser ciego. No, no lo decidió. Tampoco tú y yo decidimos vivir algunas de las experiencias negativas que nos marcaron de manera significativa. Pero tanto el ciego como nosotros sí podemos optar por renunciar a aquellas que controlen mi vida, mi presente. El ciego había vivido por años resignado a su condición. Escuchó hablar de Jesús y pensó, este es mi tiempo, y tomó acción. Dijo, no voy a perder esta oportunidad. Decidió ver lo que iba a ser una gran bendición para su vida.

Nosotros tenemos en Dios una cantidad de bendiciones esperando por nosotros, pero hay un "depende de mí", que muchas veces impide que las reciba.

¿Qué significa ese depende de mí? Significa que aun las bendiciones de Dios pueden estar condicionadas a mi disposición para recibirlas. Muchas personas no entienden esto. Se preguntan porqué Dios bendice a otros y a mí no? Anhelan recibir las bendiciones que reciben otros, cuando también Dios quiere bendecirlos en sobre abundante manera. La pregunta es, ¿estás anhelando las que Dios tiene para ti?

Ahora la pregunta obligatoria es, ¿qué tengo que hacer? Algo muy importante e imprescindible es querer recibirlas y no dudar que está en el corazón de Dios entregártelas. El ciego de Jericó, ciego de nacimiento, gritó de forma literal y no permitió que nadie, ni nada interrumpiera su momento de gloria.

"Aconteció que acercándose Jesús a Jericó, un ciego estaba sentado junto al camino mendigando; y al oír la multitud que pasaba, preguntó qué era aquello. Y le dijeron que pasaba Jesús Nazareno. Entonces dio voces, diciendo: ¡Jesús, hijo de David, ten misericordia de mí! Y los que iban delante de él le reprendían para que callase, pero él clamaba mucho más. ¡Hijo de David, ten misericordia de mí!". Verso 40-43

¡Llegó mi día, Jesús!, grito fuerte. Ten misericordia de mí. Otro punto importante es estar dispuesto a renovar tu mente. Dejar ir lo pasado, las cosas viejas pasaron, estar dispuesto a cambiar todo lo que sea necesario.

La palabra dice en **2 Corintios 5:17-18:**

"¹⁷De modo que si alguno está en Cristo, nueva criatura es; las cosas viejas pasaron; he aquí todas son hechas nuevas. ¹⁸Y todo esto proviene de Dios, quien nos reconcilió consigo mismo por Cristo, y nos dio el ministerio de la reconciliación".

Reina-Valera 1960 (RVR1960)

Me parece que vale la pena estudiar este pasaje. Importante: el ciego no veía, pero oía. Y oyó la multitud que pasaba y preguntó a qué se debía. Algo está pasando, alguien estaba provocando la movilización de gran cantidad de personas, él no sabía qué o quién era. Pero decidió averiguarlo con una simple pregunta. Inmediatamente le dicen que era Jesús Nazareno, comienza a gritar, lo que me permite inferir que ya este hombre ciego tenía que haber escuchado hablar de Jesús antes de este momento. No preguntó quién era, solo comenzó a gritar. Como si con sus gritos estuviera

Martita Soto

diciendo: "por fin pasó por donde yo estaba". "Esta es mi oportunidad". Jesús siempre pasará cerca del hombre en necesidad y más que nada, estará dispuesto a escucharle. Los gritos de desesperación alertaron a Jesús. Alguien en medio del bullicio de la multitud que le seguía, tenía un corazón que latía fuertemente dejándole saber que creía, estaba convencido de que solo Él podía hacer un milagro en su vida.

Notemos el hecho de que siempre aparecen las voces que van a estar ahí para silenciar tu grito de desesperación, clamando a Jesús por su intervención. Nuestro enemigo, nuestro adversario, siempre, escucha que dije siempre, buscará la manera de que te calles y que no te coloques en posición de recibir las bendiciones que como hijo te corresponden. Son tuyas, él lo sabe y te están esperando para ser entregadas.

Cuando hacemos esta verdad nuestra, gritamos seguros de que estamos en acuerdo con Dios y no permitimos que nadie nos calle. Asumimos la postura del ciego, gritamos más fuerte, enviando un mensaje claro y contundente.

"Jesús entonces deteniéndose ordenó que se lo trajeran". Me llama la atención el hecho de que dio una orden, y cuando se da una no hay espacio para argumentar o contradecirla. La determinación y la seguridad de aquel hombre movió el corazón de Jesús a misericordia. Ese "yo estoy seguro de que está interesado en bendecirme", manifestado por la intensidad de sus gritos, hizo que Jesús se detuviera y se dispusiera a hacer lo que había venido hacer.

Dispuesto a cumplir su palabra dijo: ¡Tráiganlo! ¡Qué momento para aquel hombre! De tan solo imaginarme lo que sintió me emociona demasiado. No se cuán larga fue la distancia entre donde él estaba y donde se encontraba

Jesús, pero para él, me imagino que fue eterno. Hasta que llegó, y Jesús fue directo: "¿Qué deseas que haga por ti?". Por cuanto has creído que soy yo quien puedo cambiar lo que ha sido tu vida hasta hoy, una sumergida en la miseria y el dolor, decido servirte la mesa. Eso es lo que Jesús interpreta de nuestros gritos de necesidad, de auxilio. Yo creo que tú eres el único que puedes transformar mi vida. Es que sin lugar a dudas para todos fue una escena de tanta ternura hacia ese hombre, ciego y solo. Pero él decidió abrir sus ojos y ver que esa no era la vida a la que tenía que conformarse. Él decidió dar la espalda a lo viejo, a todo lo "malo" que había vivido para comenzar a vivir una nueva vida rica en bendiciones. Inmediatamente su respuesta fue directa, "Señor, que recobre la vista. Quiero ver! Quita las vendas que cubren mis ojos y no me dejan ver lo que tú tienes para mí". Eso es lo que Jesús está esperando que digamos. Señor abre mis ojos para que vea todo lo que tienes preparado para aquellos que te amamos. Jesús le dijo: "Recibe la vista, tu fe te ha sanado".

Es necesario creer que está en el corazón de Dios bendecirnos para ser bendecido. Me encanta el final de esta historia. ***"Y luego vio y le seguía glorificando a Dios, y todo el pueblo cuando vio aquello dio alabanza a Dios".*** **Verso 43**

Una vez vemos, le seguimos no por seguirle, sino por convicción de que eso es lo que está en su corazón. Bendecirnos en sobre abundantemente manera.

Piensa: *¿Cómo has vivido hasta el día de hoy, ciego? Pero no físicamente, sino espiritualmente porque has sido tú quien te has privado de recibir las bendiciones que Dios tiene para ti. Es el día de gritar, fuerte, muy fuerte. Jesús está pasando cerca y quiere responder a tu grito de ayuda. ¿Te atreves?*

Martita Soto

Lluvia y sequía, ambas son de Dios

"Entonces Elías dijo a Acab: Sube, come, bebe;
porque una lluvia grande se oye".
1 Reyes 18:41

Lluvia y sequía, ambas cosas son de Dios. Porque cuando Dios abre los cielos y derrama su lluvia es Él quien lo hace, y cuando Dios cierra los cielos y trae sequía, también es Él. Por eso es importante identificar cuál de los tiempos de Dios estás viviendo, y qué quiere él que aprendas dentro de ese proceso. Pero sea que llueva o haya sequía siempre Dios permanecerá en control y cuidará de los suyos. Siempre permaneceremos guardados en Él. Muchas veces cuando hablamos de lluvia pensamos inmediatamente en la bendición de Dios y de alguna manera la representa. Pero hay lluvias que no necesariamente provienen de Dios. La biblia establece en el libro de Génesis, Capítulo 6, verso 18 al 22, que cuando el diluvio, Dios mandó a resguardar a Noé, a su familia y a los animales en pareja, era porque venía una gran lluvia, tan grande que su nombre cambió de categoría a diluvio. Entonces la palabra establece que aunque era lluvia, la misma traería consecuencias. Muerte, destrucción, desgracia. Quizás al leer esto piensas, ¿pero el diluvio fue enviado por Dios? Sí lo fue, pero la pregunta que sigue es ¿dónde estaba el siervo de Dios y su familia durante el diluvio?

Cuando leemos la palabra en el libro de **Eclesiastés, Capítulo 10 verso 18** dice:

"A causa de la pereza se hunde el techo; y por la flojedad de las manos se llueve la casa". Esa lluvia no va a ser de bendición. Porque esa lluvia representa la pereza espiritual. Hay lluvias que no necesariamente representan la bendición de Dios en nuestra vida. Pero de la forma en que sea catalogada hay algo muy importante y es que cualquiera que sea la lluvia que va a descender sobre mi casa y en la categoría en que se encuentre, yo voy a estar preparado para los efectos que pueda tener en mí. Como también lo debo estar cuando llegue la sequía, cuando no llueva, qué va a estar pasando cuando se cierren los cielos, dónde estará Dios. ¿Qué lugar ocupará en mi vida? ¿Qué pasará conmigo? Es importante identificar los tiempos. Es importante identificar la lluvia. Los meteorólogos identifican los fenómenos atmosféricos con un nombre. Nosotros también debemos identificar qué clase de lluvia me está afectando. ¿Por qué llueve en mi casa? ¿Cómo está lloviendo en mi casa? Lloviznas, torrencialmente, aguaceros copiosos y constantes, con vientos, sin vientos, con truenos y relámpagos. ¿Por cuánto tiempo?

Es importante identificar qué lluvia está cayendo sobre mi casa.

La categoría, así se le llama en el sistema meteorológico. Desde una onda tropical, vaguada, tormentas y huracanes, categoría 1, 2, 3, 4, 5, cuán devastadora o cuán buena puede ser esa lluvia. Las emociones puestas en nosotros por Dios pueden en ocasiones jugarnos malas pasadas porque muchas veces generalizamos. Pero el Señor quiere que vayamos a las profundidades de la palabra. Qué quiere decir esto para mi vida y lo que él quiere que yo aprenda según sea la categoría de ese tiempo. Noé vivió un año en el arca según el libro de **Génesis, Capítulo 8 verso 13**:

"[13]Y sucedió que en el año seiscientos uno de Noé, en el

mes primero, el día primero del mes, las aguas se secaron sobre la tierra; y quitó Noé la cubierta del arca, y miró, y he aquí que la faz de la tierra estaba seca".

Reina-Valera 1960 (RVR1960)

Símbolo de protección, de preservación de vida

Hay lluvias que nos envían a resguardarnos para preservarnos la vida. Son esos días en que el camino no se ve. Que representa peligro salir a la calle. De hecho, los medios de comunicación te dicen: "Si no tiene necesidad de salir, no salga". Esto lo que quiere decir es, pasa tiempo con Dios. Aprovecha la lluvia para tomar chocolate con Él, y busca su voluntad para tu vida.

Hay lluvia que solo amerita que salgas con un paraguas, con un buen paraguas, eso es suficiente. Eso quiere decir que debes tener uno bueno en casa. Si no lo tienes te vas a mojar y te puedes enfermar. Esto se refiere a estar preparados porque no sabemos cuándo puede comenzar a llover, cuándo puede llegar un mal tiempo, como pasa en nuestro país, y si nuestra vida espiritual no está en orden puedes tener problemas.

Hay lluvias que me indican salir en momentos determinados. Esto va a depender de la forma en que yo tome providencia. Esto es cuando te vienen avisando con tiempo de algún fenómeno de lluvia que se acerca y no hacemos caso. Entonces, cuando llega tenemos que esperar que se pueda salir. Pasa lo mismo cuando escuchamos la palabra y no la oímos. Cuando la lluvia llega me toma desprevenido y sin provisión espiritual.

La lluvia de bendición, la lluvia tardía, esa lluvia que yo necesito que caiga y no cae, representa la sequía. Cuando el cielo se cierra. ¿Solamente vamos a celebrar o ver a Dios cuando llueve? Debemos aprender a ver a Dios también en medio de la sequía.

La palabra establece en **1 Reyes 17:1,** que de la boca del mismo profeta Elías hubo anunció de sequía por tres largos años. No iba a llover hasta que Dios lo dijera. Entonces dice que el mismo profeta estaba bajo aquella nube de sequía.

Cuando Dios trae una palabra y no permite que los cielos se abran para que llueva, el hombre y la mujer de Dios, el profeta, el ministro, todos, estamos bajo el mismo cielo. Pero, ¿qué pasa conmigo cuando no llueve?

Dios comienza a trabajar con su pueblo y dar instrucciones. Cuando llueve o cuando hay sequía, fíjate que podemos colocar la lluvia que no es de bendición, como un problema igualmente como cuando hay sequía. Cuando el diluvio, Noé estaba en el arca, esa lluvia no le iba a bendecir por eso Dios guardó su vida y la de su familia. Y cuando vino la sequía Dios también le dio instrucciones al profeta, igualmente para guardar su vida. Porque aquel tiempo no iba a ser de bendición para él, pero le dijo, *yo voy a hacer provisión para ti. Te vas a ir al arroyo de Querit y allí yo voy a enviar cuervos que te alimenten con pan y carne y beberás agua del arroyo* (1 Reyes 17:5-6). Pero al pasar del tiempo el arroyo se secó porque no había llovido. Entonces fue enviado a la viuda de Sarepta para que lo alimentara.

Sea que llueva o haya sequía Dios siempre hará provisión para sus hijos. Nuestra vida no depende de las circunstancias. Ni si llueve, ni si hace sol. Siempre dependerá de él y de cuál sea nuestra relación con el Padre.

El profeta vio los cuidados de Dios cuando no llovía y Noé los vio cuando llovía demasiado.

También es muy cierto que vienen tiempos de lluvia de bendición a nuestra vida. En la mucha lluvia, en los aguaceros de bendición, también vamos a necesitar a Dios, para hacer buen uso de la lluvia que está cayendo. No me puedo olvidar de Dios en los buenos tiempos, lo que para mí son buenos tiempos. Necesito que él esté presente y me diga qué hacer. Es importante saber que aunque a mi entender yo esté viendo el mejor escenario necesito escuchar la voz de Dios para utilizar toda esa lluvia que está cayendo sobre mí de manera correcta. Muchas personas actúan como si no lo necesitaran. Ahora estoy bien, yo sigo solo. Puedo equivocarme, puedo volver al principio y para que eso no pase, tengo que escuchar la voz de Dios. En el tiempo de la abundancia y de la bendición yo tengo que escucharlo. Hay personas a las que Dios no puede bendecir más porque de hacerlo no sabrían qué hacer con lo que Dios les da. Por eso es importante orar por lo que usted necesita para que Dios le ayude a hacer buen uso de lo que Dios le da en el tiempo de la abundancia. Ayúdame a ser buen mayordomo de la bendición. Ayúdame a hacer un plan de trabajo, a ser diligente. Dile hasta aquí; ayúdame Señor a identificar qué lluvia está cayendo sobre mi vida. Si esta ha provocado que no salga, que me esconda, que pase tiempo contigo. Pero si es tiempo de sequía, tú vas a tener cuidado de mí, me vas a proteger en tanto dure. Cuidarás de los míos.

Elías tuvo una experiencia en medio de aquella sequía. Él le dio instrucciones a su criado y le dijo: "Yo quiero que tú subas para ver y contemples los cielos. Será que va llover". Mientras que él postrado oraba por esa lluvia. La palabra dice que fue una y otra vez y al volver le decía no hay nada, el cielo está claro. Y el profeta lo hizo volver siete veces. Hasta que el informe cambió. Le dijo: *"ahora sí veo una pequeña nube del tamaño de una mano". Entonces le dijo: "Ve, y di Acab, Unce tu carro y desciende para*

que la lluvia no te ataje". 1 Reyes 18: 41-46

Aun cuando viene esa lluvia a nuestra vida hay que estar preparados para recibirla. Si no lo estás, no vas a poder manejarla. Muchas veces oramos pero no estamos en expectativa de recibirla. Porque la nube es tan pequeña en medio de un problema tan grande, que para nada nos hace pensar que va a pasar algo. Por eso el profeta le insistía, vuelve a ver, vuelve a ver, quiero que crezcas en fe. Quiero que veas algo donde no se ve nada. Eso es mirar con los ojos de la fe. En un cielo tan inmenso, una pequeña nube del tamaño de una mano. ¿Qué podía significar? Una señal de una gran lluvia que se acerca y es la que proviene de Dios.

Sea que llueva o que haya sequía somos de Dios. Lluvia que proviene de Dios y lluvias que no lo son para nuestra vida. También cuando llega la sequía. Siempre él estará presente cualesquiera que sean los tiempos.

Sube, come y bebe porque una lluvia grande se oye…

Piensa: *Un final glorioso termina la sequía para el pueblo. Debemos identificar los tiempos de Dios. ¿Qué realmente estamos viviendo en esta lluvia que es de Dios? ¿Qué debo hacer en este tiempo? ¿Es un tiempo de lluvia o de sequía? ¿Estás listo para recibir la lluvia de bendición que se acerca, sí? ¿Aún no? Pues prepárate, porque una lluvia grande viene.*

Martita Soto

¡Ana prometió y cumplió...!

"E hizo voto, diciendo: Jehová de los ejércitos,
si te dignares mirar a la aflicción de tu sierva
y te acordares de mí, y no te olvidares de tu sierva,
sino que dieras a tu sierva un hijo varón,
yo lo dedicaré a Jehová todos los días
de su vida y no pasará navaja sobre su cabeza".
1 de Samuel 1: 1-28

He conocido tantas personas que pasando por un momento difícil le han prometido tantas cosas a Dios. En medio de la desesperación del momento ese "Señor si me ayudas, si me libras de esta angustia, yo te prometo que voy a servirte, voy a dejar de hacer algo que hace mucho que está mal", o quizás, "voy a comenzar a ir a la iglesia". Algunos cumplen, pero hay muchos que no. Cuando reciben de Dios lo que le pidieron, se olvidan de lo prometido.

Es muy triste porque Dios nos escucha cuando estamos en aflicción y en quebranto. Y hay algo muy importante y es que a él no se le olvida nuestro mal momento, pero tampoco lo que le prometemos.

Este no fue el caso de una mujer llamada Ana. Dice en la palabra del Señor que esta vivía en angustia, era humillada todos los días de su vida por la segunda o primera esposa de su marido llamada Penina. Podríamos decir la primera porque ella sí le había dado hijos a Elcana. Ana era estéril, nunca había tenido hijos, lo que la colocaba en segundo lugar.

Dice la palabra: *"**Hubo un varón de Ramataim de Zofim, del de Efraín, que llamaba Elcana hijo de Jeroham, hijo de Eliu, hijo de Tohu, hijo de Zuf, efrateo. Y él tenía dos mujeres; el nombre de una era Ana, y el de la otra Penina. Y Penina tenía hijos, y Ana no los tenía. Y todos los años aquel varón subía de su ciudad para adorar y para ofrecer sacrificios a Jehová de los ejércitos en Silo, donde estaban dos hijos de Eli Ofni y Finees, sacerdotes de Jehová. Y cuando llegaba el día en que Elcana ofrecía sacrificio, daba a Penina su mujer, a todos sus hijos y a todas sus hijas, a cada uno su parte. Pero a Ana daba una parte escogida; porque amaba a Ana, aunque Jehová no le había concedido tener hijos"**.* Versos 1-6

Hasta aquí, en la introducción, vemos reseñada la historia de dos mujeres. Una con el privilegio de haber procreado hijos y la otra estéril. Y dice la palabra que Jehová no se los había concedido. Está en la sola potestad de nuestro Dios concedernos a las mujeres ser madres, igual que los hombres ser padres. Y Ana no había recibido este regalo del cielo. Por otro lado tenemos a un hombre que la amaba aun cuando no le había dado hijos y que por esta razón cuando llegaba el día de ofrecer sacrificio solo le daba una parte escogida. Ese darle una parte escogida podría sonar muy amoroso, lindo o muy atento de su parte. Pero no lo era. Esto era solo un recordatorio de su condición. Cuando se le da un trato especial a alguien en ocasiones se le hace sentir como que no estás cualificado para recibir lo mismo que los demás porque no eres igual que el que sí lo está. Y la realidad es que hay personas que disfrutan hacerte sentir que no eres igual. Ana ya se sentía lo suficientemente mal con ser estéril, como para que también su esposo le reservara una parte escogida en el momento de entregarle a todos los miembros de la familia, que estaban en el orden

Martita Soto

correspondiente. Era como decirle, "Ana, tú no estás cualificada, eres estéril, pero aún así yo te amo.

Sabes, he tenido esta experiencia. Hay personas que ya te llevan mucho camino andado y te tratan como si ellos nunca hubieran estado ahí. Entonces el diminutivo en todo lo que haces es la orden del día. Todo lo pequeño es para ti, lo poquito, y eso aumenta la dificultad, la carga mental, porque sientes que ante los ojos de muchos no tiene importancia lo que haces. Esa fue la experiencia de Ana. Imagínate cómo se sintió en ese momento. Su esposo la amaba pero no como para darle lo mismo que a Penina.

Y para completar dice en el verso 6 y 7: *"y su rival la irritaba, enojándola y entristeciéndola porque Jehová no le había concedido tener hijos. Así hacía cada año cuando subía a la casa de Jehová, la irritaba así por lo cual Ana lloraba y no comía".*

Es preciso ver cómo Ana había sido literalmente humillada por años. Y la tristeza de Ana tenía nombre, depresión. Lloraba y no comía. El acoso de su rival era tanto que afloraban a su vida toda clase de sentimientos que para nada la bendecían. Su esposo trataba de consolarla:

"Y Elcana su marido le dijo: Ana, ¿por qué lloras? ¿por qué no comes? ¿y por qué está afligido tu corazón? ¿No te soy yo mejor que diez hijos?". **Verso 8**

Come, le decía, no llores, me tienes a mí. De hecho Elcana estaba un poco distraído con este asunto de quedar bien con sus dos esposas. Me imagino, Ana pensaría en decirle, no se trata de ti, es que no solamente he tenido que manejar el hecho de ser estéril, sino que he sido víctima de un implacable maltrato emocional y ya no puedo más. Estoy desesperada. No lo dijo pero fue a la presencia de Jehová y oró. E hizo un voto, una promesa, un pacto con Dios. Estas fueron sus palabras: ***"si te dignares mirar a la aflicción de tu sierva, sino que dieres a tu sierva un hijo varón, yo lo dedicaré a Jehová todos los días de su vida, y no pasará navaja sobre su cabeza".*** (*Ref. Verso 11*).

Ana prometió, y no fue una promesa cualquiera sino que le prometió que lo dedicaría a él todos los días. Era un compromiso de por vida. No terminaría en el momento en que fuera y se lo entregara al sacerdote Elí. Sino que ella iba a vivir orando por su hijo, por su servicio a Dios.

Ese clamor fue tan intenso, tan entre ella y Dios que Elí pensó que ella estaba ebria, fue una oración en el espíritu, un clamor que tocó el cielo (*Ref. verso 12-14*).

Ana le respondió a Eli diciendo: ***"No, Señor mío yo soy una mujer atribulada de espíritu; no he bebido sidra ni vino sino que he derramado mi alma delante de Jehová. Vete le dijo Eli, vete en Paz y el Dios te Israel te otorgue la petición que le has hecho. Y ella le dijo: Halle tu sierva gracia delante de tus ojos. Y se fue por su camino, y comió y estuvo más triste"*** (*Ref. Verso 15-18*).

¿Por qué no estuvo más triste y comió? Porque fue un pacto serio y de compromiso el que ella hizo con Dios porque ella no le iba a fallar a Dios, y estaba segura que Dios tampoco a ella.

Cuando tu compromiso es serio se va la tristeza, el dolor, solo te levantas y continúas tu camino porque sabes que es cuestión de que llegue el tiempo de Dios.

Ella, por medio de aquella oración recibió la paz para esperar no solamente la respuesta sino también la honra y la justicia de Dios.

Llegó el día de la respuesta de Dios. "Y levantándose de mañana, adoraron delante de Jehová, y volvieron y fueron a su casa en Rama. Y Elcana se llegó a Ana su mujer, y Jehová se acordó de ella".

Esa fue parte de la oración de Ana "y si te acordares de mí". Él trae respuesta a nuestra oración según le pedimos. Aconteció que al cumplirse el tiempo, después de haber concebido, Ana dio a luz un hijo y le puso por nombre Samuel, diciendo por cuanto lo pedí a Dios.

Cuando llegó el día de ofrecer sacrificio a Jehová me imagino que Ana recordó cuántos años subía para ser víctima de las humillaciones de Penina. Pero esta vez que pudo haber ido con su hijo en brazos y decirle ya no tengo que ser objeto de tu maltrato Jehová me concedió ser madre, mas sin embargo, decidió esperar que su hijo fuere destetado para cumplir con el pacto que había hecho con Jehová Dios. Le dijo a su marido yo me quedo. Iré el día que lo entregue allí para siempre (*Ref. Verso 21-28*).

Ana prometió y cumplió…

Piensa: *Y tú, ¿qué le prometiste a Dios en el momento de tu angustia? ¿Dios te dio lo que le pediste? ¡Ahora te toca a ti cumplir con lo prometido a Él!*

Aviva el fuego del don de Dios

*"Por lo cual te aconsejo que avives
el fuego del don de Dios que está en ti
por la imposición de mis manos".*
2 Timoteo 1:6

Tengo que pensar (poniéndome en su lugar) que una de las cosas más hermosas que vivió el apóstol Pablo a través de su vida ministerial fue saber que podía contar con el apoyo y respaldo de su discípulo Timoteo. Timoteo había sido criado en una atmósfera de espiritualidad en la familia lo que constituye decisivas ventajas. Eunice, la madre de Timoteo, y su abuela Loida, comunicaron su fe al joven colaborador de Pablo. Timoteo era un joven cristiano de madre judía y padre griego que Pablo había encontrado en Listra (*Ref. Hechos 6: 1-3*). Este había llegado a ser un amado y valioso colaborador suyo.

La escritura nos relata que lo unía a él una relación que se comparaba con la de un padre y un hijo. De hecho, en el saludo de Pablo a Timoteo en sus cartas se dirigía a él como mi amado hijo, verdadero hijo en la fe. Esto denota un amor muy grande y sobre todo confianza para dirigirse a él sin reservas en cuanto a cómo debía ser su manera de vivir y lo que debía enseñar a otros. Pablo daba gracias a Dios por su vida, por su fe (*Ref. 2 Timoteo 1:3*).

Una de las cosas más difíciles en nuestra vida como ministros de Dios es el hecho de no poder contar con personas en quien podamos confiar y que nos sirvan de apoyo, tanto físico como espiritual. Saber que cuentas con alguien que ore por ti, que te cubra en oración, aun cuando no estén cerca, tiene un valor incalculable para un hombre o una mujer de Dios. Pablo contaba con Timoteo aun cuando él estaba preso, sabía que Timoteo estaba ahí para él. Pero sin olvidar que lo que él vivía en carne propia, lo iba a vivir también él.

Así que era menester salir al rescate de su vida con el buen consejo y con la ministración escrita para que estuviera listo, preparado cuando llegara el mal momento. Es actuar de forma responsable instruir al discípulo en crecimiento, que vienen tiempos difíciles a nuestra vida y prepararlos, para que permanezcan firmes hasta el final.

Según la historia es muy posible que cuando Pablo escribe esta segunda carta a Timoteo se encontraba preso y que su muerte era eminente. Y al ver que Timoteo no llegaría a tiempo para un encuentro final, Pablo introdujo en su carta solemnes palabras admonitorias. Su preocupación era el evangelio, y manifestó su interés de que Timoteo lo transmitiera fielmente después de su muerte. La carta insta a Timoteo a mantenerse firme ante las dificultades, deserciones y errores.

Como buen padre estaba preocupado, por lo cual fue directo al grano en el verso 6, donde le dijo inmediatamente después de un cálido saludo, "por lo cual te aconsejo que avives el fuego del don de Dios que está en ti por la imposición de manos".

Aquí nos detenemos un momento para hablar un poco de este consejo que le dio Pablo. Primero debemos mencionar que cuando hablamos de avivar nos podemos estar refiriendo a dos clases de acciones:
1- avivas algo que le falta vida o,

2- avivas algo para no dejarlo morir.

Esto debe sonar interesante para nosotros. Para no tener que avivar algo que está muerto es mejor cuidar de que no muera.

La palabra "avivamiento" está muy de moda en estos tiempos, se profetiza, se ora por él, pero sin entender cómo se define. Avivamiento, viene de volver a dar vida. Entonces cuando analizamos esto podemos pensar que solo los que hemos nacido de nuevo hemos conocido la verdadera vida. Podemos resumir que quien necesita volver a vivir es la iglesia, solo entonces provocará cambios en el mundo. El consejo de Pablo a Timoteo fue este, no te dejes morir. ¡Avívate!

Eran tiempos difíciles aquellos, como los son estos para nosotros, la iglesia. No es fácil tratar de mantener vivo el llamado de Dios y predicar con nuestra vida quién es él. Pero qué es lo que quiere Dios para nosotros en un mundo que cada día se corrompe y se empeña en cambiar sus principios por lo que ellos consideran su verdad. Ciertamente se hace cada vez más difícil. Pero nuestra responsabilidad es trabajar para que la palabra de Dios sea lo que permanezca viva.

El consejo de Pablo a Timoteo era trabajar día a día con él mismo y hacer uso de lo que Dios, por medio de su Espíritu Santo, le había dado para poder permanecer.

Seguido de esto, Pablo le dijo: *"Porque no nos ha dado Dios espíritu de cobardía, sino de poder, de amor, y de dominio propio".* Verso 7

Sin entender que esto está en ti y usar estos recursos, y sobre todo ejercitarte en ellos, no vas a poder mantenerte vivo. De hecho, no le dijo exactamente así pero eso fue lo

Martita Soto

que le quiso decir.

Fuimos equipados con todas las herramientas necesarias para poder mantenernos en este hermoso camino de servicio al Señor. Lo importante es aprender a usarlas.

Él le dijo, no hay en ti un espíritu de cobardía. Ni en él, ni en nosotros. No proviene de Dios ese espíritu. Solo puede venir de nuestro adversario el diablo, quien siempre trabajará para que tú te acobardes, para que ante la oposición y ante la adversidad decidas rendirte.

Por eso es importante identificar qué espíritu es el mora en nosotros, qué espíritu puso Dios en mí, para darle vida a lo que Él mismo ha depositado en nosotros. Por eso fue que, seguido del consejo de Pablo a Timoteo, vinieron estas palabras: identifica y conoce con qué espíritu fuiste sellado.

Jesús no fue cobarde, Él es y será siempre nuestro modelo por excelencia. Tuvo que darle vida a su llamado, a su propósito y solo pudo hacerlo identificando que moraba en el espíritu de poder. Cuando lo reconocemos en nuestra vida se manifiesta en como hablamos, las personas lo notan, lo reconocen, y lo respetan.

Jesús hablaba con poder, no importando la sencillez de sus palabras, todos reconocían que hablaba de parte de Dios (*Ref. Hechos 4:13*). Él estaba seguro de quién lo había enviado, y estaba muy seguro de su identidad, era el hijo de Dios. Nosotros somos sus hijos.

No podemos esperar que otros reconozcan autoridad en mí, si yo mismo no reconozco que soy una persona de autoridad en Dios. Pablo dijo a Timoteo, "porque no nos ha dado Dios espíritu de cobardía, sino de poder, de amor...".

¿Dijo de Amor? Sí, eso dijo, Amor. El amar te da autoridad,

¿sabías? Hay personas que identifican que Dios nos dio espíritu de poder, pero no aman. No se puede bajo ningún concepto, escúchame, bajo ningún concepto ser una persona de autoridad, si no se ama.

Increíblemente las personas piensan que sí. Ese espíritu está en mí, porque se puede amar aunque no se esté de acuerdo, se puede amar a alguien aunque te haya lastimado, se puede. ¿Cómo? Porque no es el espíritu del amor de las personas que no conocen a Dios, es el amor de Dios, ese amor que lo movió a enviar su único hijo a morir por cada uno de nosotros que no lo merecíamos.

Ese amor que movió a Jesús a llegar hasta el final, a obedecer al padre. Ese amor es el que mora en ti y en mí. No importa como hayan sido conmigo, como me pagaron, lo bien que me porté, los favores que hice, lo incondicional que fui. No depende de las circunstancias, solamente tengo que amar, porque ese amor me hace una persona de autoridad. La palabra dice: "En eso conocerán que son mis discípulos, si tuvieras amor los unos por los otros" (*Ref. Juan 13:35*). Esto te da testimonio a ti y al mundo de que mora en ti espíritu de amor. El amor de Dios.

Pablo le estaba entregando a Timoteo en este pequeño verso lo que necesitaba para mantener vivo su llamado. Tenía que reconocer los espíritus que Dios le había dado: #1 espíritu de valentía, #2 espíritu de poder, #3 espíritu de amor, #4 espíritu de dominio propio.

Dominio Propio - la falta de este espíritu en la iglesia ha causado mucho daño en medio del pueblo de Dios. Jesús fue un hombre de temple, buen juicio, con modelos de pensamientos disciplinados que es lo que describe a una persona con dominio propio.

Él podía decir la verdad, y lo hizo en sin número de

ocasiones sin ofender, sin causar daño irreparable en las personas, que es el efecto de las palabras de aquellos que hablan sin dominio propio. Por el contrario, cuando Jesús decía la verdad, lo que no estaba bien provocaba cambios porque lo hacía pensando con sabiduría y conectado con el Padre.

Cuando este espíritu mora con libertad y comodidad en nosotros (que nos constituimos en su templo), nuestras palabras no causan daños ni lastiman, por el contrario, penetran al corazón de los que las escuchan provocando cambios.

Jesús no predicó ni enseñó un modelo de vida a seguir complicado, por el contrario lo hizo de una manera sencilla, de forma tal que todos los pudiéramos entender. Pablo siguió su ejemplo. Sin temor a equivocarme, creo que donde hemos fallado es en la práctica. Muchas veces nos engañamos pensando que podemos hacer uso de la palabra del Señor de manera selectiva. Utilizándola a mi conveniencia, algunos principios sí y otros no. El evangelio es vida. Los principios de Dios no son negociables. Todos ellos son para nuestra bendición. ¡Haz de ella tu manual de vida y vive!

Piensa: *¿Necesitas avivar el fuego del don de Dios que está en ti? ¿Cuántas veces habías leído este versículo bíblico sin entender toda la verdad que encierra para tu vida? Si es así, ¡este es tu día!*

Son más los que están contigo

*"Y oró Eliseo, y dijo: Te ruego, oh Jehová,
abras sus ojos para que vea. Entonces
Jehová abrió los ojos del criado, y miró;
he aquí que el monte estaba lleno
de gente a caballo, y de carros de fuego
alrededor de Eliseo".*

2 Reyes 6:17

Eliseo era un hombre que habitaba en la presencia de Dios y conocía los secretos de su corazón. Dios le revelaba en secreto sus planes para el pueblo. Tenía una relación personal con Dios. Esto causó molestia al rey de Siria; intranquilidad. Había alguien que de alguna manera sabía cuáles eran sus estrategias para encontrarse con el rey de Israel y acabar con su vida, ya que ambas naciones estaban en guerra. Pero, ¿quién era? *El rey dijo: **"No me declarareis vosotros quién de los nuestros es del rey de Israel"**,* (Verso 11). Humanamente hablando, la única explicación era que había un traidor dentro del ejército del rey. Pero había un hombre entendido en medio de su ejército, que le aclaró lo que estaba sucediendo.

Verso 12: *"No, rey Señor mío, sino que el profeta Eliseo está en Israel, el cual declara al rey de Israel las palabras que tú hablas en tu cámara más secreta".*

Esto es lo que sucede cuando un hombre o una mujer de Dios se pone sobre sus rodillas. No hay nada oculto para aquellos que oran a Dios, que le buscan. Nuestro Dios se complace en revelar a sus siervos las estrategias que el enemigo tiene para destruirnos, en todas las áreas de nuestra vida. Pero la clave, si la podemos llamar así, es buscar a Dios en oración. Eliseo ganaba todas sus batallas y era un hombre a quien Dios le respondía todas sus oraciones.

Podemos sentirnos amenazados y hasta intimidados ante las diferentes situaciones que se nos presentan. Pero el hablar con Dios, el comunicarnos correctamente y a diario con Él trae paz y convicción a nuestra vida de que Él está con nosotros y que nada ni nadie podrá hacernos daño.

Pero, qué efecto tiene en el mundo espiritual? Cuando decidimos buscar a Dios en oración y ruego, comienza a haber turbación, se burla el plan del enemigo en nuestra vida y en la de los nuestros. Por eso Él trabaja en nuestra vida para que desistamos de orar. Que no cultivemos una vida de oración. Él conoce el efecto que produce y por eso evita por todos los medios que no hablemos con Dios. Por medio de la oración somos advertidos, confrontados y recibimos revelación de parte de Dios.

El enemigo siempre buscará intimidarnos, lo hizo con Eliseo. Vienen momentos a nuestra vida donde sentimos que nos tiene sitiados, acorralados. Siempre buscará el descuido, por eso dice de noche. La noche representa la distracción espiritual. Pero en eso consiste una vida de relación con Dios que no importa cuando llegue la amenaza y la crisis eminente siempre vamos a estar listos para la batalla.

Siempre tendremos personas a nuestro lado (nunca van a faltar) que no militen en el espíritu y vean como que hablamos cosas que son locura para ellos. Pero no podemos permitir que impartan temor a nuestra vida y mucho menos que nos roben la fe y la confianza al Dios que le servimos.

Lo vemos en los **versos 15 y 16**: *"Y se levantó de mañana y salió el que servía al varón de Dios, he aquí el ejército que tenía sitiada la ciudad. Con gente de a caballos y carros. Entonces su criado le dijo: Ah Señor mío, ¿qué haremos? Él le dijo: "No tengas miedo porque más son los que están con nosotros que los que están con ellos".*

Este es uno de los puntos más importantes que debemos tener presente en nuestra oración. Más son los que están con nosotros, lo que representa, no es la cantidad de tu respaldo en el mundo espiritual, aunque en el pasaje bíblico sí lo ilustra de forma literal. Sino el poder que tiene tu oración para movilizar todo un ejército para pelear a tu favor.

Eliseo hizo una oración que tocó el corazón de Dios. *"Señor te ruego, oh Jehová, que abras sus ojos para que vea. Entonces Jehová abrió los ojos del criado, y miró; he aquí que el monte estaba lleno de gente de a caballo y carros de fuego alrededor de Eliseo".* **Verso 17**

Los ojos de los que no creen, los de nuestros adversarios tienen que ser abiertos para que vean quién es quien nos cuida y pelea por nosotros. Por eso siempre dentro de nuestras oraciones debemos pedirle al Señor que aquellos que nos hacen la guerra puedan ver contra quién están batallando. Que no estamos solos, que por nosotros pelea todo el ejército del Señor.

Pero sobre todo, más importante aún es que nosotros lo tengamos claro, que no hacemos una oración sin propósito y repetitiva. Que es nuestra vida agradable y perfecta para Dios la que nos permite orar y esperar una respuesta inmediata y completa conforme le estamos pidiendo. Es importante entender contra quién peleamos y con quién es nuestra batalla. En lo personal, no trabajo para tener enemigos, de hecho no creo tenerlos. Posiblemente tú igual que yo. Pero en el mundo espiritual, una vez decidimos ser parte del ejército de Dios, ya tenemos un enemigo y todo su ejército en contra nuestra. Es por eso que mis ojos espirituales tienen que estar abiertos en todo tiempo. La escritura dice: *"porque no tenemos lucha contra carne y sangre, sino contra principados, potestades y gobernadores de las tinieblas, de este siglo, contra huestes espirituales de maldad en las regiones celestes".* **Efesios 6:12**

De hecho, de no ser así vamos a tener el problema de muchas personas. Y es que viven peleando y en guerra con su vecino, con su hermano, padres, hijos. Cuando realmente solo son las personas que el enemigo está utilizando para dañarte, en realidad solo son "el enemigo sin rostro".

Es importante, que sigamos el ejemplo de Eliseo en oración y sobre todo nuestro modelo por excelencia, el de Jesucristo. Su relación con el Padre le permitía orar y pedirle que hiciera lo que él necesitaba y cuando lo necesitaba. Es posible tener esa relación con nuestro Padre y salir victorioso de todas nuestras batallas, basta con acercarnos a Él, él pago el precio, podemos acercarnos confiadamente.

Piensa: *¿Estás en guerra? ¿Contra quién estás peleando? ¿Hasta hoy habías estado utilizando las estrategias equivocadas? Es tiempo de volver al principio, la oración es tu arma de guerra. ¡Úsala!*

Activando su ejército

¿No decís vosotros: Aún faltan cuatro meses para que llegue la siega? He aquí os digo: Alzad vuestros ojos y mirad los campos, porque ya están blancos para la siega.

Yo os he enviado a segar lo que vosotros no labrasteis; otros labraron, y vosotros habéis entrado en sus labores.
Juan 4:35, 38

Pensando un poco en todos los cambios que hemos experimentado en estos últimos meses, como obreros del reino, una vez más Dios habla a mi vida y me dice: "Estoy movilizando mi ejercito". "Necesito mover mis obreros". Me decía: "Es algo así como cuando un hombre o una mujer se une al ejército de su país. Este pasa por todos los entrenamientos que tiene que pasar para estar listo. Se tiene que mudar en ocasiones de una base a otra, pero en un momento determinado le puede llegar una notificación de que comenzó una guerra o conflicto en algún lugar que no es donde vive, lo que hace necesario que se tenga que mudar solo o con su familia, según sea el caso. Otra casa, muebles, escuelas para los niños, es necesario comenzar de nuevo".

Eso es lo que el Señor está haciendo en este tiempo final. Movilizando obreros, porque hoy por hoy la palabra no ha caducado; Jesús dijo: "La mies es mucha y los obreros son pocos" (*Ref. Mateo 9:37*). El evangelio se ha profanado y

Dios mismo, a través de sus obreros, viene a clarificarlo. Puedo ver en mi espíritu lo que Dios quiere que su pueblo entienda en este tiempo. Él está haciendo una conexión divina en aquellos que quieren trabajar para Él. Libre de todo protagonismo e interés personal. Está uniendo ministros en un mismo sentir. Los traerá del norte, del sur, este y oeste. Unirá naciones aquí representadas.

Cuando Dios moviliza sus obreros es para ofrecer ayuda. Es igual como sucede en el mundo natural. Cuando la guerra se hace fuerte y se necesita ayuda comienza la movilización de soldados, que en ocasiones han pasado por adiestramientos especiales para poder salir y ser utilizados en el lugar a donde van a ser enviados. Son especialistas en ciertas áreas que donde van a llegar no lo son. No van a sacar a los que están porque estos no saben lo que están haciendo, ¡por supuesto que no! Son enviados a unir esfuerzos para poder completar la misión.

Qué extraordinario es el Espíritu Santo de Dios, él es el que tiene la dirección de nuestro ejército . Nosotros somos los soldados que recibimos las instrucciones y obedecemos, pero es Él, siempre Él quien está al mando. Por eso es importante oír su voz en todo momento. En el ejército deben seguir la voz del que está al mando siempre . El no hacerlo puede traer consecuencias graves, tan graves como que ocurran bajas (muertes) de alguno del grupo. Es igual de importante en el mundo espiritual. Hemos perdido de perspectiva que la falta de obediencia en medio del pueblo de Dios está causando la muerte de muchos. Es cuando fallamos o dejamos de cumplir a cabalidad la palabra del Señor. Cuando no vivimos lo que predicamos o no somos quienes decimos ser, hacemos tropezar a muchos y en ocasiones, no solo salen heridos, muy mal heridos, sino que muchos mueren.

El obrero enviado sufre toda clase de cambios; una mudanza, a veces deja esposa e hijos. En otras ocasiones se mueven todos y toda su casa es estremecida, emocional y espiritualmente afectando así toda su estabilidad. Todo como parte del pacto que hizo frente a la bandera de su nación jurando fidelidad aunque le cueste su propia vida. El obrero de Cristo, cuando le acepta como su único y suficiente salvador, igualmente hace un pacto de fidelidad. Y esa fidelidad incluye obedecerle en todo, hacer todo lo que él nos pide que hagamos, ir a donde él nos envié y alcanzar las almas donde quiera que se encuentren.

Existen diferentes clases de misiones a las que el soldado tiene que enfrentarse. Unas tienen mayor riesgo que otras. Algunas son abiertas, públicas, todos saben dónde estarán combatiendo y con quién. Otras son secretas. Nosotros también combatimos en diferentes clases de misiones. Algunas son del conocimiento de todos o de muchos, pero otras solo lo saben Dios y el soldado. Es porque algunas de estas misiones requieren de un procedimiento especial para al final poder ver la victoria. En estos tiempos también vamos a ser enviados a misiones cortas. Hay soldados que son enviados a una misión específica. Solo van hacen el trabajo para lo que fueron enviados y se devuelven o se van del lugar. Esto es comparado con aquel que va a llevar la palabra al lugar que la necesita escuchar. Lleva la palabra que confronta, enseña, y amonesta, según sea la necesidad. Escuchen o no, Dios siempre va a hablar, dejándole saber al líder de la casa en qué áreas debe de trabajar.

En un ejército existe un orden de autoridad. Existen tantos que tendría que tomarme un tiempo para estudiarlas, pero digamos que hay teniente primero, teniente segundo, sargento, soldados y cada uno de ellos debe someterse a su autoridad y nadie se revela al otro. Por eso hay orden, de hecho, el que no lo hiciere queda fuera del ejército. Es lo mismo que el Señor espera de nosotros, que aprendamos a someternos a las autoridades de nuestra iglesia en todo. Tiene que existir sujeción, es imposible que las iglesias funcionen si no existe respeto a las autoridades. Hemos confrontado problemas con esto porque no se les está viendo como puestas por Dios, y lo son. También es importante mencionar que ninguna autoridad puesta por Dios utiliza su posición para dañar, lastimar o herir de muerte a aquellos que están bajo sus cuidados.

Romanos 13:1
¹³"Sométase toda persona a las autoridades superiores; porque no hay autoridad sino de parte de Dios, y las que hay, por Dios han sido establecidas".

Tito 3:1
Justificados por gracia
³"Recuérdeles que se sujeten a los gobernantes y autoridades, que obedezcan, que estén dispuestos a toda buena obra".

Reina-Valera 1960 (RVR1960)

Toda iglesia del Señor hace un trabajo de equipo. Ninguno es indispensable, pero todos somos necesarios en el área que nos corresponda trabajar. Esto es algo que se ha perdido en medio del pueblo de Dios. En estos tiempos todos quieren hacer lo mismo. Podríamos decir lo que a su parecer esté de moda. Si es pastor, pastor, o si profeta, profeta. Todos quieren ser líderes pero nadie quiere seguir las instrucciones de Dios. Nuestros ojos deben estar abiertos a la necesidad en medio del pueblo y procurar suplirla.

En el libro de **Juan, Capítulo 4:34-38:**
"³⁴Jesús les dijo: Mi comida es que haga la voluntad del que me envió, y que acabe su obra". ³⁵"¿No decís

*vosotros: **Aún faltan cuatro meses para que llegue la siega? He aquí os digo: Alzad vuestros ojos y mirad los campos, porque ya están blancos para la siega".***

[38] ***"Yo os he enviado a segar lo que vosotros no labrasteis; otros labraron, y vosotros habéis entrado en sus labores".***

Reina-Valera 1960 (RVR1960)

Escrito está, el que siembra debe gozarse juntamente con el que siega (recoge). Esto es lo más importante para Él, te dice: "te envié a sembrar la semilla, luego te vas y cuando se produzca la cosecha alégrate con el que la recoja. Jesús dijo: Esto es lo dicho; Esto es así, uno siembra y otro siega".

¡Él nos envió a segar donde no sembramos y eso seguirá siendo así! Seremos enviados a lugares donde no labramos, donde no aramos. Donde otro aró y depositó la semilla. El Señor, en su infinita misericordia nos permitirá ver los frutos. Por el contrario, en otros lugares solo te permitirá sembrar la semilla, ¡pero igualmente gózate! ¡Toda la gloria le pertenece a Él y solo a Él, por los siglos de los siglos. Amén!

Piensa: *¿Cómo te habías visto durante todo este tiempo, siendo parte del ejército de Dios?, o ¿qué, todavía no lo eres? ¿Qué esperas?, ¡enlístate, se necesitan soldados, la mies está lista, es tiempo de siembra, pero también de cosecha! ¡Que tu nombre sea escrito en el libro de la vida!*

Aquí viene el soñador

"Y dijeron el uno al otro:
He aquí viene el soñador".
Génesis 37:19

Esta semana, mientras leía la palabra del Señor, me encontré específicamente con este versículo que llamó mucho mi atención en la historia de José. Me dije: "este fue el conflicto real entre José y sus hermanos". Claro, la forma de José expresar sus sueños fue lo que les mortificó. Por una razón que ellos mismos reconocieron, José era un soñador. Pensé, no todas las personas sueñan, de hecho hay muchas que se niegan a hacerlo. Entonces cuando conocen a alguien que sí lo hace eso les causa molestia porque el soñar produce bienestar, esperanza, gozo.

¿A qué nos referimos cuando hablamos de soñar? ¿Qué son los sueños? El diccionario dice que es ***"imaginar, generalmente con placer, una cosa que es improbable que suceda,*** que difiere notablemente de la *realidad existente* o que *solo existe en la mente*, pero que pese a ello se persigue o se anhela". Observa lo interesante de esta definición. Si piensas en alguna experiencia personal que hayas tenido donde tuviste un sueño y aplicas esta definición podrás reconocer que en efecto está correcta. Tomemos un momento estas palabras claves, *imaginar* y *generalmente con placer.* Hay sueños que producen esta sensación en nuestra vida porque el pensar que pudiera suceder me produce alegría y gozo. Pero para nosotros es improbable que suceda, o sea las posibilidades son ninguna. Dice que difiere de la realidad existente o sea, es todo lo contrario a lo que yo estoy viviendo. La definición dice que solo existe en la mente, yo le añado en tus sueños. Y finalmente dice que aun con lo mencionado antes, lo sigues anhelando.

Es importante que sepamos que Dios habla a sus hijos por medio de sueños. Y los sueños que son de Dios son filtrados por esta definición. *Cuando Dios nos habla por medio de los sueños estos producen en nosotros el deseo de ir tras ellos y anhelarlos y ver su cumplimiento.* Porque él mismo se encargó de depositarlos en nosotros. Siempre recuerdo a mi Hno. Manuel García, "el gran poeta de Dios", cuando teníamos la oportunidad de compartir me decía: "Martita, es que tú eres una soñadora". ¿Sabes qué? Reconozco que lo soy. Pero no para tener méritos propios, sino para darle vida a los sueños de Dios para mi vida, para el reino y para su gloria.

A través de la palabra del Señor vemos cómo en muchas ocasiones los sueños eran una forma de Dios traer revelación a muchos personajes entre los que podemos citar a Jacob, el de la escalera que unía el cielo con la tierra (**Génesis 28:12**); El Faraón (en la historia de José), acerca de las vacas gordas y las vacas flacas (**Génesis 41:1-7**), los de Nabucodonosor de la gran estatua y del árbol frondoso (**Daniel 2:31-35, Daniel 4:10-18**), entre otros.

El caso del joven José donde las gavillas y los astros se inclinaban ante él de quien hacemos referencia en este capítulo (**Génesis 37:5-9**). Este joven con apenas 17 años tuvo dos sueños.

"Y soñó José un sueño, y lo contó a sus hermanos; y ellos llegaron a aborrecerle más todavía. Y él les dijo: oíd ahora este sueño que he soñado: He aquí que atábamos

manojos en medio del campo, y he aquí que mi manojo se levantaba y estaba derecho, y que vuestros manojos estaban alrededor y se inclinaban al mío. Le respondieron sus hermanos: ¿Reinarás tú sobre nosotros, o señorearás sobre nosotros? Y le aborrecieron aún más a causa de sus sueños y sus palabras. Soñó aún otro sueño, y lo contó a sus hermanos, diciendo: y he aquí que el sol y la luna y once estrellas se inclinaban a mí. Y lo contó a su padre y a sus hermanos; y su padre le reprendió y le dijo: ¿Qué sueño es este que soñaste? ¿Acaso vendremos yo y tu madre y tus hermanos a postrarnos en tierra ante ti? Y sus hermanos le tenían envidia, mas su padre meditaba en esto". Génesis 37:5-11

José no entendía sus sueños, sus hermanos tampoco y mucho menos sus padres. Pero había algo en aquellos sueños de José y era que traían a su corazón bienestar. José era indiscutiblemente un soñador. Pero no tenía el significado de aquellos sueños. No siempre tendremos la interpretación de los sueños de forma instantánea como fue el caso de este joven. Es importante aprender de esta historia que si los que están a tu lado no son soñadores como tú, jamás, léelo de nuevo, jamás podrán entender tu lenguaje. Por el contrario filtrarán su interpretación en su humanidad y les va a causar malestar que casi siempre es la regla general.

Cuando Dios te da un sueño él lo va a estar respaldando. No vas a trabajar solo para que se haga realidad. Quizás de momento no lo entiendas, pero a medida que vayas creciendo, madurando espiritualmente, lo vas a entender. José recibió el sueño, en aquel momento su riña era tan grande con sus hermanos que hasta parece haberlo usado para mortificarlos. No podemos olvidar que no solamente era el consentido de papá, sino que para provocar todavía más molestia a sus hermanos se encargaba de informarle a su padre todo lo malo que ellos hacían (*Ref. Génesis 37:2-3*). Junto con los sueños vienen los procesos para llevarnos a su cumplimiento. Me gusta mucho la historia de José porque es la mejor que me puede describir este punto. Son aproximadamente 13 capítulos, de **Génesis 37 al 50**, donde José fue llevado paso a paso, desde su experiencia de ser vendido como esclavo, la prisión por causa de la esposa de Potifar, hasta el momento en que volvió a encontrarse con sus hermanos. Fueron años de espera para ver el significado de sus sueños. Aquel encuentro no tuvo precio para José, luego de haber sido privado de volver a ver a su padre y a su hermano menor. Pero llegó el gran día de que aquel sueño que le costó tanto sufrimiento, se cumplió y vio el plan perfecto de Dios para su vida, su familia y el de una nación completa. De sus propios labios salió un expresión que hizo que todo tuviera sentido.

"Ahora pues no os entristezcáis; ni os pese haberme vendido acá; porque para preservación de vida me envió Dios delante de vosotros. Pues ya ha habido dos años de hambre en medio de la tierra, y aún quedan cinco años en los cuales no habrá arada ni siega. Y Dios me envió delante de vosotros, para preservaros posteridad sobre la tierra y para daros vida por medio de gran liberación. Así pues no me enviaste acá vosotros, sino Dios, que me ha puesto por padre de Faraón y por Señor de toda su casa, y por gobernador en toda la tierra de Egipto. Daos prisa, id a mi padre y decidle: así dice tu hijo: José: Dios me ha puesto por Señor de todo Egipto; ven a mí no te detengas". Génesis 45: 5-9

Quizás tú, al igual que yo has recibido un sueño de parte de Dios. No siempre, al igual que en la vida de José, verás su cumplimiento de forma inmediata. Pero algo sí te puedo asegurar y es que lo veremos. *Aunque todo lo que puedas estar pasando pueda decirte que vas por otro camino,*

sigue confiando y esperando en Dios. La palabra dice que no importando lo que José experimentara, Jehová estaba con él y lo prosperaba. El Señor tu Dios está contigo como poderoso gigante por tanto, espera y confía. No estás solo, él contigo está.

Piensa: *¿Qué piensas de este capítulo? ¿Cuántas veces has soñado y sabes que tu sueño es uno de parte de Dios? Mientras leías, ¿vino a tu mente ese sueño? Pues si la respuesta es sí, Dios no se ha olvidado del, hoy es día de retomar tu camino. ¡Te espera un tiempo de gloria!*

Porqué amarnos los unos a los otros

"Un mandamiento nuevo os doy:
Que os améis unos a otros
como yo os he amado, que también
os améis unos a otros. En esto
conocerán que son mis discípulos,
si tuvieres amor los unos con los otros".
Juan 13:34-35

Arreglando mi cabello como de costumbre frente al espejo, recibo de parte del Señor el tema de este capítulo. Para serles honesta he padecido mucho por causa del amor. Cuando decidimos amar y cumplir con el mandamiento que complementa todos los demás, se sufre y mucho. Sobre todo en estos tiempos donde parece haber desaparecido de la faz de la tierra lo que es el amor incondicional o no condicionado. Jesús dijo: "Que os améis los unos a los otros como yo os he amado". Aquí es que de forma obligatoria tenemos que detenernos. Dijo: "Como yo os he amado". La pregunta que sigue es, ¿y cómo me amó el Señor?

Veamos algunos versículos que nos ilustran claramente de qué forma nos amó Jesús:

"Pero Dios demuestra su amor para con nosotros, en que siendo aún pecadores, Cristo murió por nosotros". Romanos 5:8

"En esto conocemos el amor: en que Él puso su vida por nosotros; también nosotros debemos poner la vida por los hermanos". 1 de Juan 3:16

Martita Soto

"Porque de tal manera amó Dios al mundo, que dio a su unigénito, para que todo aquel que cree en él, no se pierda mas tenga vida eterna". Juan 3:16

"Nadie tiene mayor amor que este: que uno dé su vida por sus amigos". Juan 15:13

"En esto se manifestó el amor de Dios en nosotros; en que Dios ha enviado a su hijo unigénito al mundo para que vivamos por medio de Él". 1 de Juan 4:9,10

"... y andad en amor, así como también Cristo os amó y se dio a sí mismo por nosotros, ofrenda y sacrificio a Dios, olor fragante". Efesios 5:2

Entonces, si está tan claramente establecido en su palabra la pregunta obligatoria es, porqué se nos hace tan difícil entender que si no nos amamos estamos hablando otro lenguaje que definitivamente no es el de Dios. Su palabra establece que *"el que no ama, no ha conocido a Dios; porque Dios es amor".* 1 Juan 3

Es imposible profesar una fe, un evangelio, si no amamos a nuestro hermano. Y cuando digo hermano me refiero a mi prójimo, a mi compañero de trabajo, de estudios, mi familia, mi vecino, al que no es igual a mí, al que no piensa igual que yo o actúa como yo. Amarnos no solamente se define en la expresión que podemos hacer para mostrar el amor. Eso es parte y va a depender de qué clase de relación te une a esa persona. Amar se define como buscar el bienestar máximo de la otra persona. Qué puedo hacer por esa persona en cuanto me sea posible. Sabes, hay veces que solamente puedo orar y dejar que sea Dios que obre en él o ella o sencillamente en la situación, si alguna. Amar se refiere al cuidado que debemos tener para no permitir que nuestro corazón se contamine con sentimientos contrarios a los de Dios. Ese órgano que da vida en el mundo natural como en el mundo espiritual solamente le pertenece al Señor. Su lugar no puede ser ocupado por nadie. Son muchas las ocasiones en que escuchamos esta expresión tan trillada, "Mi corazón solo le pertenece al Señor Jesús". Pero alguien nos lastima, dijo o hizo algo que no te gustó, e inmediatamente albergas en tu corazón sentimientos de coraje, amargura, rencor, resentimiento, quitándole así el lugar del Señor. Tengo que decir que me entristece que este es el diario vivir del mundo y lamentablemente el de la iglesia del Señor.

No hay ni habrá justificación para no amar, delante del Padre en el día final. Él lo hizo, amá hasta el final, fue a la cruz y perdonó a aquellos que destrozaron su cuerpo de forma inmisericorde. Aquellos que escupieron su rostro, y colocaron en su cabeza una corona de espinas burlándose de él hasta el cansancio. Era nuestro lugar y él lo tomó de forma voluntaria por AMOR. Entonces en ocasiones nos encontramos justificando nuestra falta de amor, "es porque me hicieron esto o aquello" o, "ciertamente necesita buscar a Dios, deberás estar mal". Jesús no dijo: "Los perdonaría pero la verdad me dolieron demasiado los golpes" o, " la verdad Padre mío, se portaron demasiado mal conmigo", no, por el contrario intercedió por ellos. Dijo: *"Padre perdónalos porque no saben lo que hacen"*. Lucas 23:34

Lo anterior es una oración corta, pero de imitar. Muchas de las faltas que las personas cometen en contra nuestra es por el desconocimiento en lo que establece la palabra. Solo, al igual que nosotros en otro tiempo, saben algo de los diez mandamientos, pero no los practican. Entonces cuando el dolor de una herida causada por alguien nos alcance, bien podemos hacer esta corta oración que hizo Jesús en la cruz poco antes de morir, "Señor, te pido que los perdones porque no saben lo que hacen".

El amor que llevó Jesús a la cruz es un amor de autoridad que hoy nos puede decir ámense como yo os amé a ustedes. ¿Por qué nos pide el Señor que nos amemos? porque el amor cubre multitud de pecados.

"Y ante todo tened entre vosotros ferviente amor; porque el amor cubre multitud de pecados", (1 de Pedro 4:8). Cuando amamos con amor ferviente tenemos la capacidad de perdonar, porque el amor lo cubre todo. Es parte de nuestra vida en el Señor, el no amar no es mandamiento que incluyó una excepción, "ama dependiendo de", es un mandamiento. En ocasiones nos tocará hacer cosas que las haremos por amor, sólo por amor.

Libro de Lucas, Capítulo 10:25:37

La historia del buen samaritano; una vez más Jesús responde ante las interrogantes de uno de los intérpretes de la ley. *"¿Maestro, haciendo qué cosas heredaré la vida eterna? Jesús le dijo: "¿Qué está escrito en la ley? ¿Qué lees? Aquel respondiendo dijo: Amarás al Señor tu Dios con todo tu corazón, y con toda tu alma, y con todas tus fuerzas, y con toda tu mente, y a tu prójimo como a ti mismo. Bien haz respondido, haz esto y vivirás". Pero él queriendo justificarse a sí mismo dijo a Jesús; ¿y quien es mi prójimo?".* Veamos la historia completa.

El buen samaritano

"[25]Y he aquí un intérprete de la ley se levantó y dijo, para probarle: Maestro, ¿haciendo qué cosa heredaré la vida eterna? [26]Él le dijo: ¿Qué está escrito en la ley? ¿Cómo lees? [27]Aquél, respondiendo, dijo: Amarás al Señor tu Dios con todo tu corazón, y con toda tu alma, y con todas tus fuerzas, y con toda tu mente; y a tu prójimo como a ti mismo. [28]Y le dijo: Bien has respondido; haz esto, y vivirás. [29]Pero él, queriendo justificarse a sí mismo,

dijo a Jesús: ¿Y quién es mi prójimo? ³⁰Respondiendo Jesús, dijo: Un hombre descendía de Jerusalén a Jericó, y cayó en manos de ladrones, los cuales le despojaron; e hiriéndole, se fueron, dejándole medio muerto. ³¹Aconteció que descendió un sacerdote por aquel camino, y viéndole, pasó de largo. ³²Asimismo un levita, llegando cerca de aquel lugar, y viéndole, pasó de largo. ³³Pero un samaritano, que iba de camino, vino cerca de él, y viéndole, fue movido a misericordia; ³⁴y acercándose, vendó sus heridas, echándoles aceite y vino; y poniéndole en su cabalgadura, lo llevó al mesón, y cuidó de él. ³⁵Otro día al partir, sacó dos denarios, y los dio al mesonero, y le dijo: Cuídamele; y todo lo que gastes de más, yo te lo pagaré cuando regrese. ³⁶¿Quién, pues, de estos tres te parece que fue el prójimo del que cayó en manos de los ladrones? ³⁷Él dijo: El que usó de misericordia con él. Entonces Jesús le dijo: Ve, y haz tú lo mismo".

Jesús le dijo a aquel hombre vé tú y haz lo mismo. Esto que hizo el samaritano fue un acto de amor, no lo conocía, solo hizo lo que somos llamados a hacer, amar sin importar lo que pasó, cuáles fueron las razones si algunas. Mi corazón solo tiene un gobierno, el del reino de los cielos, solo tiene un dueño y vivo y actuó en todo como él lo haría. Este hombre hizo todo lo que pudo por alguien que no conocía, solo lo hizo por amor. El amor es nuestro combustible para poder vivir este hermoso camino que se llama vida. Si no amas no puedes continuar viviendo y disfrutando de las bendiciones que Dios tiene para ti.

¿Por qué tenemos que amar?...¡wao! Y esto me decía el Espíritu Santo, porque el que no ama, lastima, hiere, no mide sus palabras, va dejando a su paso por la vida huellas profundas de dolor en aquellos que se cruzan en su camino. Solo el que ama es cuidadoso al hablar, actuar, juzgar y hasta pensar. Cuando el perfecto amor de Dios no gobierna tu vida, no mides la consecuencias de tus actos. Muchos de los enfermos, quizás todos de los que fueron sanados por Jesús, no solamente habían sido marcados por el azote de la enfermedad, sino también por desamor de las personas que solamente les veían como enfermos, sin un lugar digno en medio de la sociedad. Por eso en muchas ocasiones se les acercó él a ellos porque sus emociones habían sido trastocadas a un nivel que se sentían inmerecedores de recibir una oportunidad de vida.

¿Por qué debemos amar? Porque cuando no amas pecas y haces pecar a otros. Porque las palabras que salen de tu boca, provienen de tu corazón.

"El hombre bueno, del buen tesoro de su corazón saca lo bueno; y el hombre malo, del mal tesoro de su corazón saca lo malo; porque de la abundancia del corazón habla la boca". **Lucas 6:45**

Entonces la palabra dicha puede ser tan fuerte que a alguien de mente débil y que no tenga las herramientas que necesita para lidiar con ese mal momento, podría también responder de la misma manera que procedieron con él o ella. Y en otro escenario aun teniéndolas nadie está exento a reaccionar de forma indiferente a palabras o acciones hirientes. Provocando así un acción pecaminosa por causa de un acto de desamor.

De manera que la palabra del Señor establece que puedo hacer lo que haga pero que si tengo amor de nada me sirve, según **1 de Corintios 13**.

La preeminencia del amor

"¹Si yo hablase lenguas humanas y angélicas, y no tengo amor, vengo a ser como metal que resuena, o címbalo que retiñe. ²Y si tuviese profecía, y entendiese todos los

misterios y toda ciencia, y si tuviese toda la fe, de tal manera que trasladase los montes, y no tengo amor, nada soy. ³Y si repartiese todos mis bienes para dar de comer a los pobres, y si entregase mi cuerpo para ser quemado, y no tengo amor, de nada me sirve. ⁴El amor es sufrido, es benigno; el amor no tiene envidia, el amor no es jactancioso, no se envanece; ⁵no hace nada indebido, no busca lo suyo, no se irrita, no guarda rencor; ⁶no se goza de la injusticia, mas se goza de la verdad. ⁷Todo lo sufre, todo lo cree, todo lo espera, todo lo soporta. ⁸El amor nunca deja de ser; pero las profecías se acabarán, y cesarán las lenguas, y la ciencia acabará. ⁹Porque en parte conocemos, y en parte profetizamos; ¹⁰mas cuando venga lo perfecto, entonces lo que es en parte se acabará. ¹¹Cuando yo era niño, hablaba como niño, pensaba como niño, juzgaba como niño; mas cuando ya fui hombre, dejé lo que era de niño. ¹²Ahora vemos por espejo, oscuramente; mas entonces veremos cara a cara. Ahora conozco en parte; pero entonces conoceré como fui conocido. ¹³Y ahora permanecen la fe, la esperanza y el amor, estos tres; pero el mayor de ellos es el amor".

Reina-Valera 1960 (RVR1960)

Si no tengo amor de nada sirve, no toco el corazón de Dios. Necesitamos volver a este principio y mandamiento bíblico. Jesús dio el mejor ejemplo a seguir, nunca nos pediría nada que él no hiciera primero. Y de esto nos dio cátedra. Te invito a pensar una vez más.

Piensa: *¿Estás amando como la palabra del Señor establece que debemos amar? O te estás justificando para no hacerlo. ¿Te han herido o lastimado tanto que sientes que ya no puedes? Vayamos juntos a los pies de la cruz y dile al Señor, "quiero amar como tú me amaste, ayúdame, sí quiero".*

Martita Soto

Cuando Dios te incluye en sus planes

*"Y haré de ti una nación grande, y te bendeciré,
y engrandeceré tu nombre, y serás **bendición**".*
Génesis 12:2

Ser parte de los planes de alguien es bonito, se siente bien. Pero que Dios te haga parte de sus planes nos hace sentir demasiado bien. Pasa que en ocasiones, la mayoría de las personas no entienden que cuando Dios nos llama eso es lo que está haciendo. Nos hace parte de sus planes para la humanidad, para hombres y mujeres en necesidad. Somos copartícipes del trabajo del reino.

Conciente de las demandas una vez nos llama, ese llamado viene cargado de enriquecedoras promesas. Sobre todo una promesa de multiplicación en todas las áreas de nuestra vida. Hay sentimientos que afloran a nuestra vida, pero conociendo el Señor nuestra debilidad, nuestra condición, alimenta nuestro espíritu con las promesas que vienen junto con el llamado a ser parte de sus planes. Pero hay una promesa que es de fiel cumplimiento en nuestra vida y es la de la multiplicación.

Cuando Dios habla en su palabra de multiplicación se refiere a darte más de lo que tú has dado por Él, y mucho más, en todas las áreas de tu vida. Si nos falta fe para creer esta palabra es para nuestra vida, es necesario pensar que le servimos a un Dios de poder ilimitado.

Dios sabe que hay cosas que nos cuesta dejar, y aún cuando nos podríamos referir a cosas tangibles, aquellas que vemos, las que son más difíciles de manejar son aquellas que nos ofrecen seguridad. Que por mucho tiempo han sido parte de nuestra vida.

Aquí es donde comienza Dios a trabajar con nosotros.

Analicemos un poco la vida de Abraham. Viviendo cómodamente Dios le llama, le escoge para ser parte de sus planes. Pero primero tenía que formar su carácter, trabajar con su vida de forma tal que Abraham entendiera que las cosas del reino no se filtran con el mismo cernidor del mundo. Lo saca de su tierra, la de su familia, con una promesa de cubrirlo, de librarlo de todo aquello que pudiera poner en peligro su vida. Bendición para el que te bendiga, maldición para el que te maldiga. **Génesis 12:2-3**: "haré de ti una nación grande, te bendeciré, y engrandeceré tu nombre y serás bendición".

¿Cómo voy a ver la promesa de la multiplicación?; esa fue la pregunta de Abraham a Dios. Si no tengo hijo cómo vas a multiplicarme en donde no hay nada. Cómo será mi descendencia como la arena del mar si ni siquiera tengo hijo. Dios le dijo: *"Yo te daré un hijo. Yo te prometo un hijo, descendencia y será como la arena del mar"*; **Génesis 17:1-5**. En resumen serás parte de mis planes, te recompensaré, te multiplicaré. Te daré mucho más de lo que tú me has dado.

Podemos ir entendiendo, Dios no te pide y no te da. Dios te pide, tú le das y él te lo devuelve multiplicado. Tú le das un préstamo a alguien y te devuelve lo que le prestaste. No te lo devuelve multiplicado. ¡Dios sí! Él te multiplica toda tu inversión para que sus planes se lleven a cabo. Todo es todo. Porque Dios sabe que todo lo que hacemos para él tiene un alto precio que pagar. Cuando se paga el precio.

¡Wow! Es que si citamos la palabra no terminaríamos. Pero

algunos de ellos son:

"Ama a tus enemigos", Mateo 5:43-48. *"Anda la milla extra"*, Mateo 5:38-42. *"No os afanéis"*, Mateo 6:25-34. *"No juzguéis"*, Mateo 7:1-6.

La palabra nos llama a perdonar, a tomar su cruz y seguirle, a serle fiel a Dios en medio de un mundo infiel que practica el pecado de forma inmoral sin importar a quién le guste o no. Todos estos versos bíblicos te piden que tú hagas algo que te cueste para Dios. En cambio, por tu obediencia honrando su palabra, te va a multiplicar tu bendición. Es un cheque en blanco, firmado por Dios para ti. Dios le dijo a Abraham, deja tu tierra y tu parentela y ven a la tierra que yo te mostraré. Le dijo, ven, sé parte de mis planes que yo te multiplicaré todo lo que dejes o hagas por mí.

Te multiplicaré todo lo que inviertas, pero no como lo invertiste; será multiplicado.

Esto es poderoso, yo no sé si lo entiendes, pero cada palabra que sale de tu boca aun cuando no tienes fuerza en momentos de oración o cuando la depositas en alguien, cuando no tienes deseos de decir ni siquiera Dios te bendiga. Dice el Señor, te lo devuelvo multiplicado. Hasta tus fuerzas, yo multiplico las fuerzas del que no tiene ninguna. Su palabra lo dice en:

"Él da esfuerzo al cansado y multiplica las fuerzas al que no tiene ninguna. No tiene ninguna porque las gastó, se agotó, esta palabra es para todo aquel que invierte sin reparos para el reino de los cielos. Sabe que Dios nos incluyó en sus planes y que viene retribución y paga porque Dios te lo devuelve multiplicado" (*Ref. Isaías 40:29-31*).

No temas a entregarle a Dios todo lo que te pida, sino inviertes, no verás la multiplicación. Dios te llama, síguelo.

Dios no miente. Abraham no necesitaba nada, todo lo tenía en abundancia pero, había algo que no, descendencia. Dios lo llamó, Él le siguió y le dijo te multiplicaré. Te daré mucho más de lo que tú me has dado y mucho más abundante de lo que tú me pides. Tu descendencia será como la arena del mar.

Piensa: *¿Qué tú le estas pidiendo a Dios? ¿Qué estas esperando? ¿Has invertido? ¿Te has hecho parte de los planes de Dios? ¿Aceptaste la invitación que te ha hecho? Pues te lo devolverá multiplicado.*

La bendición de Dios produce agradecimiento

"...y se postró rostro en tierra a sus pies, dándole gracias; y éste era samaritano".
Lucas 17:16

Esta semana, mientras estaba en las tareas cotidianas, comenzó a fluir de mi corazón una alabanza de gratitud a Dios y este tema, "la bendición de Dios produce agradecimiento". Nuestro Señor anhela bendecirnos pero no solo porque nos ama, sino porque su bendición produce en nuestro corazón una genuina adoración. Lo que hace especial y diferente esta adoración es que no solamente adoro a Dios por la bendición del momento sino que me voy convirtiendo en alguien que agradezco a Dios por todo lo que tengo, inclusive por mi trabajo.

Dios busca formar el carácter del hombre y dentro de esa formación está en que nos convirtamos en personas agradecidas. Durante el año hay días señalados para dar gracias a Dios. De hecho, no puedo dejar de mencionar cuánto me alegra que se encuentren en calendario. Acción de Gracias, la Semana Mayor o Semana Santa, son las fechas señaladas para hablar de este tema. Pero el resto del año desaparece de nuestra boca.

Muchas personas no saben lo que es ser agradecido con Dios. ***"Toda buena dádiva y todo don perfecto desciende de lo alto, del Padre de las luces en el cual no hay mudanza ni sombra de variación." dice la palabra del***

Señor. Santiago 1:17

Todo lo que Dios nos da, nos los da como un regalo, sin esperar nada a cambio. Por tanto, usted y yo, por causa de la bendición de Dios, nos convertimos en adoradores, que adoramos en Espíritu y verdad. Tales adoradores él busca (*Ref. Juan 4:23-24*).

Es por esto que tengo que reconocer que todo lo que tengo y lo que llego a poseer no es por mis propios méritos, sino porque Dios me ama y hace que su palabra se cumpla en mi vida. Que es Él quien renueva mis fuerzas, permitiéndome abrir mis ojos y ver la luz de un nuevo día.

Me entristece mucho el hecho de que las personas viven como si controlaran su existencia. Hace un tiempo atrás, cuando tenía mi salón de belleza, llego una clienta y tuvo el atrevimiento de decir que ella podía decidir cuándo iba a morir. Le llamo atrevimiento porque solo el todopoderoso Dios tiene el control de nuestras vidas.

Veo toda clase de actividades, caminatas por los sobrevivientes de enfermedades catastróficas. ¿Pero dónde se honra al protagonista de la vida? Aquel que dio la orden para que sus días fueran extendidos y quien le dio la sabiduría a los médicos para asignarles el tratamiento correcto. Es un privilegio poder disfrutar de la vida, pero también lo es el abrir nuestra boca para declarar, confesar y adorar a aquel que abre los cielos para bendecirme.

Debe ser nuestra gratitud y nuestra alabanza lo que llene el trono de Dios. No podemos acostumbrarnos a las bendiciones como si fuera una obligación de Dios dárnosla. El respirar es un regalo, el alimentarnos, nuestra independencia lo es. Es que pueda hacer las cosas sin depender de alguien que tenga que ayudarte. Como también lo es el hecho de que estemos bien para ayudar a otros que no pueden. Creo que amerita que tomemos un momento para analizar bien esto. No es porque yo lo decido, es porque Dios me bendice, porque él me lo permite por su gracia y por su misericordia.

Se vive en un mundo donde las personas que no tienen a Dios como su Señor, han llegado a pensar que esta vida es todo. Cuando terminemos aquí no hay nada más. Que solo dormimos y es el fin.

Otros viven pensando que no importa como vivamos todos iremos a un lugar que se llama cielo.

Otro grupo vive como si fuéramos eternos aquí en la tierra.

Los que tenemos al Señor como nuestro Señor debemos tener cuidado de no contaminar nuestro corazón con este estilo de vida. El agradecimiento forma el corazón de un adorador.

La palabra habla de 10 leprosos en el libro de **Lucas, Capítulo 17:11-19**:

"¹¹Yendo Jesús a Jerusalén, pasaba entre Samaria y Galilea. ¹²Y al entrar en una aldea, le salieron al encuentro diez hombres leprosos, los cuales se pararon de lejos ¹³y alzaron la voz, diciendo: ¡Jesús, Maestro, ten misericordia de nosotros! ¹⁴Cuando él los vio, les dijo: Id, mostraos a los sacerdotes. Y aconteció que mientras iban, fueron limpiados. ¹⁵Entonces uno de ellos, viendo que había sido sanado, volvió, glorificando a Dios a gran voz, ¹⁶y se postró rostro en tierra a sus pies, dándole gracias; y éste era samaritano. ¹⁷Respondiendo Jesús, dijo: ¿No son diez los que fueron limpiados? Y los nueve, ¿dónde están? ¹⁸¿No hubo quien volviese y diese gloria a Dios sino este extranjero? ¹⁹Y le dijo: Levántate, vete; tu fe te

ha salvado".

Dentro de su condición debemos mencionar que estos hombres enfermos de lepra eran privados de su libertad y de toda clase de privilegios. Podríamos decir que para ellos solamente había un destino trazado y era esperar en un campo de leprosos el día de su muerte. Sin familias, sin amigos, vendados como momias vivientes. Su condición no podía ser peor. Es la mejor representación del hombre pecador. Cuando llega ese momento donde ya su condición le obliga a rendir su vida a Jesús. Eso fue lo que hicieron estos leprosos clamar por misericordia, pedirle a Jesús que les sanara. Y por supuesto que la tuvo, pero primero le dijo: *"Id y mostraos a los sacerdotes..."*, (verso 14). "¿A donde quién dijo?". "¿A los sacerdotes?". Me imagino que subió esta pregunta al corazón de estos hombres. "Pero ellos fueron los que nos separaron de la sociedad, quienes nos enviaron a la muerte segura". Claro, eso era lo que establecía la ley. Eran ellos los que debían certificar la sanidad de estos hombres y que se podían integrar a la sociedad (*Ref. Levítico 14:1-32*).

Jesús les estaba hablando de un acto de fe. "Ve y muéstrate a los sacerdotes". Comenzó a formar en el proceso el corazón de un adorador. Para recibir el milagro primero tenían que creer. Nos pasa lo mismo a nosotros, para ver el milagro debemos primero creer que está hecho aunque no veamos nada. La palabra dice: *"mientras iban fueron limpiados".* Verso 14

Podemos inferir que como humanos al fin, siguieron su camino como muchos de nosotros a veces, bajo protesta porque el milagro no se estaba dando en circunstancias normales. La obra que Dios va a hacer en tu proceso no siempre la hará en la forma que tu llames "normal". En ocasiones da la orden, si la obedecemos, entonces esa obediencia da a luz un milagro. Y el milagro produce agradecimiento. Continuando con la historia dice que "uno de ellos y extranjero viendo que había sido sanado, volvió glorificando a Dios a gran voz". Y hago un alto porque lo que aconteció aquí merece un tiempo para analizarlo un poco. Diez hombres literalmente con sus cuerpos descompuestos por causa de lepra, probablemente ya habían perdido sus extremidades. Hombres apartados de sus familias, solo Dios sabe por cuánto tiempo. Recibieron un milagro sobrenatural y se supone que era meritorio, obligatorio volver al autor del milagro. Imposible seguir su camino hacia el sacerdote. El podía esperar, todo podía esperar.

"Donde están los otros nueve?, preguntó Jesús. No eran diez los enfermos? Solo tú siendo extranjero, no hubo quien viniera a dar gloria a Dios?". Verso 18

La bendición de Dios en nuestra vida debe producir agradecimiento, reconocimiento a Él, humillación a diario. Compromiso, obediencia, honra a su nombre. Él espera de nosotros que le sirvamos, que le amemos y le entreguemos nuestro corazón. Aquellos nueve leprosos representan los que siendo iglesia o no, se acostumbran a ser bendecidos por Dios. El extranjero representa a aquellos que nunca dejamos de reconocer su gracia para con nosotros.

El Padre busca que a través de cada experiencia se vaya formando en nosotros el carácter de un adorador porque me acerco a Él agradecido por su bendición.

Nosotros debemos tener presente esta verdad, todo lo que recibimos lo recibimos por la gracia y la misericordia de Dios. Que debemos adorar a Dios y ser agradecidos por todo. Nada es porque yo lo hice, porque trabajé, porque me lo propuse. Todo eso Dios lo usa, pero él me da la salud y la vida para poder hacer todo. Diga conmigo, ¡todo!

Piensa: *¿Cómo has recibido las bendiciones de Dios? Eres una fuente de alabanza, ¿bendices a Dios por todo lo que recibes de su mano? ¿Utilizas las bendiciones para honrar a Dios? Sino, hoy es un buen día para reconocerlo.*

El enemigo sabe cómo puede destruirte

"La muerte y la vida están en el poder de la lengua.
Y el que la ama comerá de sus frutos".
Proverbios 18:21

Quizás al leer este título te suene fuerte, pero hay cosas de las que debemos conversar y profundizar un poco más que de otras, y esta es una de ellas. La pregunta obligada es ¿cómo lo sabe? La respuesta es todavía más fuerte que el título, porque tú mismo se lo enseñas. Así es, somos nosotros quienes le entregamos al enemigo de las almas todo lo que necesita para preparar un plan de destrucción para nuestra vida. Nuestra reacción ante las diferentes situaciones que se nos presentan, nuestra vida diaria, y hasta nuestra manera de hablar son algunas de esas cosas a las que nos referimos.

Una tarde donde estaba tranquila tomando un descanso corto para continuar mi día, algo sucedió. Nada serio en realidad, solo algunas de esas cosas con las que tenemos que lidiar a diario, pero tuvo un efecto de forma inmediata en mi mente; algo que se llama preocupación. Entonces comencé a dedicarle tiempo a ese pensamiento de preocupación que iba y venía una y otra vez y fue entonces cuando el Espíritu Santo habló a mi vida y me dijo: "El enemigo sabe cómo puede destruirte". Le pregunté al Señor: ¿con algo tan pequeño? "Sí, me dijo el Señor, con un solo dardo, solo con eso basta". Un dardo de fuego, así lo describe la palabra en **Efesios 6:16**. Estos tienen la capacidad de desatar en ti toda clase de emociones, desde miedo, angustia, inseguridad, y preocupación, como fue mi caso. Los dardos tienen como objetivo desestabilizarte emocional y espiritualmente. Por eso es importante que identifiquemos la fuente de dónde provino esa información y qué fue lo que provocó la situación por lo que me estoy preocupando. Pero sobre todo no permitir que pase de ser solo eso, un dardo de fuego, y que nos encuentre listos para apagarlo de forma inmediata.

En otras palabras, soy yo quien le entregó al enemigo la información que él necesita para poder sostener sus artimañas. Hay personas aun dentro de la iglesia que todo el tiempo se expresan como personas llenas de frustraciones por las razones que sean, el detalle es que constantemente lo declaran: "es que me siento tan frustrado", "tengo todo menos lo que desearía tener". Esa única expresión es suficiente para que el enemigo comience a trabajar de forma incansable hasta provocar que finalmente renuncies y pierdas la bendición de ver el cumplimiento del plan de Dios para tu vida. ¿Cómo así? Sencillo, él prepara un plan que te hará salir de la frustración en que te encuentras supliendo de alguna manera esa necesidad que te hace sentir frustrado. Te puedo compartir un ejemplo claro de esto. Recibo personas en consejería con problemas en su relación de pareja. Mujeres y hombres totalmente devastados emocionalmente porque su relación está en crisis. Tu actitud ante esta situación es muy valiosa para ver la intervención de Dios. Cuando asumo una posición donde solo me veo a mí mismo como la víctima, la no culpable, y así lo expresamos, el enemigo vendrá a tu encuentro para traerte esa persona que es todo lo contrario a la persona que es tu compañero, logrando así entrar y destruir tu propósito. Recordemos que solo puede utilizar lo que yo le entrego y muchas veces se lo entrego sin que pase mucho trabajo.

Es importante tener siempre presente que tenemos un enemigo, esto no lo podemos olvidar. Que tiene un fin, y es destruirnos. Es por eso que tengo que estar apercibo de como hablo, vivo y actúo de forma general. En nuestra boca está la vida y la muerte y dice que el que la ama comerá de sus frutos (**Proverbios 18:21**). Por algo se estableció en la palabra del Señor. Lo dice: "que comeremos de nuestros frutos". Viviremos consecuencias por lo que hablemos. Una sola palabra es válida para el enemigo. Estamos en guerra, somos parte del ejército del Señor y es necesario que ante cualquier amenaza eminente busquemos consultar a nuestro Dios acerca de cómo debe ser mi proceder. No caminamos solos, el Padre, Hijo y Espíritu Santo son quienes dirigen nuestros caminos, hacia dónde vamos, qué debemos hacer, qué debemos decir.

Cuando estudiaba este tema el Espíritu Santo traía a mi mente el entrenamiento del boxeador. El boxeador es entrenado para ganar. Él mismo escoge su entrenador, y cuando lo hace se toma su tiempo porque es importante que sea sino el mejor, esté entre ellos. Una vez lo consigue, comienza a entrenarse para ser un ganador. Ningún boxeador se esfuerza en su capacitación para perder, ¡no, absolutamente no! Él se prepara para ganar. Pero hay algo que no puede fallar dentro de ese entrenamiento; nunca dejar de escuchar su esquina, es algo no negociable. No puede dejar de seguir las instrucciones de su equipo, sino escuchar y poner en práctica lo que aprendió, de no hacerlo, será su ruina. Pensando en este escenario pude visualizarlo y compararlo con nuestra vida espiritual. Nosotros también tenemos una esquina a quien oír, está compuesta por el Padre, el Hijo y el Espíritu Santo. Ellos siempre me dirán qué hacer para ganar mi batalla. Mi oído debe estar afinado a su voz. En medio del combate llega el minuto de descanso, lo que representa nuestro tiempo de oración, nuestro tiempo en su presencia. El equipo le dice qué hacer y qué no hacer cuando salga al próximo "round". Unas veces le dice: "golpes al cuerpo", otras veces usa el famoso "jab" y hay momentos que la esquina le dice, "corre el round", eso quiere decir: "no te arriesgues, no hay porqué hacerlo". También nosotros debemos esperar instrucciones de nuestra esquina. ¿Qué debo hacer para no entregarle al enemigo las herramientas para mi destrucción? Oír siempre las instrucciones de mi Señor. Él siempre me dirá qué hacer no importa lo mal que se vean las cosas. Debemos aprovechar "mi tiempo de descanso", mi tiempo con Él, o en cualquier momento del día para decirle, "Señor, y ahora qué hago".

Nunca debemos darle rienda suelta a nuestras emociones, esto suele ser muy peligroso. Cuando el boxeador (que ha pasado) se molesta de forma personal con su contrincante, y le da rienda suelta a sus emociones pone en riesgo su combate porque deja de oír a su esquina para hacer lo que él cree es mejor. No podemos asumir nunca esta actitud, la escritura dice: ***"Someteos pues a Dios, resistid al diablo y huirá de nosotros";*** Santiago 4:7. Una vida de sujeción y sometimiento a Dios nos dará siempre la victoria. La obediencia es la llave que abre todas las puertas.

Piensa: *¿Cuántas cosas le has estado entregando al enemigo para ser utilizadas como arma de destrucción para tu vida? ¿En cuántas ocasiones has dejado de escuchar tu esquina, y has reaccionado bajo tu propio juicio? Este capítulo nos invita a reflexionar en como hablamos, actuamos y hasta cómo estamos viviendo. Dile hoy a nuestro enemigo, ¡no más, ya entendí!*

Martita Soto

La prueba produce frutos

"Respondió Job a Jehová, y dijo: Yo conozco que todo lo puedes, Y que no hay pensamiento que se esconda de ti. ¿Quién es el que oscurece el consejo sin entendimiento? Por tanto, yo hablaba lo que no entendía; Cosas demasiado maravillosas para mí, que yo no comprendía. Oye, te ruego, y hablaré; Te preguntaré, y tú me enseñarás. De oídas te había oído; mas ahora mis ojos te ven. Por tanto me aborrezco, y me arrepiento en polvo y ceniza".
Job 42:1-6

Cómo hablar de frutos en medio de la prueba - Tal vez al leer el título de este capítulo puedes pensar que es imposible hablar de frutos cuando en medio de la prueba apenas tenemos fuerzas para orar. No te culpo porque antes de que el Espíritu Santo me hablara por medio de estos versos en el libro de Job, yo pensaba lo mismo. Job había sido probado en todo. No hubo una parte de su vida que no fuera tocada; familia, finanzas, salud, en fin, todo. Su casa fue estremecida. Llegó ese día que nos llega a todos. Es cuando el mundo entero se nos viene encima. Lo podemos sentir de forma literal. Pensamos que es el fin, "ya no puedo más", es la frase que repetimos casi a diario. Todavía sería más difícil pensar que una vez finalice todo pueda reconocer que gracias a lo vivido, cosas que no entendía me fueron reveladas y hasta cosas que estaban muertas en mí volvieron a tener vida. Me refiero a que de mis labios brota una alabanza de gratitud por aquello que pensé que me mataría.

Esto pasó en la vida de Job. Dios mismo le había dicho a Satanás cuando fue a pedirle permiso para tocar su vida, quién y cómo era Job. Le dijo:

"Y dijo Jehová a Satanás: ¿De dónde vienes? Respondiendo Satanás a Jehová, dijo: De rodear la tierra y de andar por ella.

"Y Jehová dijo a Satanás: ¿No has considerado a mi siervo Job, que no hay otro como él en la tierra, varón perfecto y recto, temeroso de Dios y apartado del mal?". Job 1:7-8

Quiero mencionar esto porque se trataba de un hombre a quien Dios mismo describió como uno íntegro y confiable. Le llamó perfecto, apartado del mal, un hombre que no practicaba el pecado. Pero fue este mismo hombre el que reconoció que este proceso lo llevó a otro nivel en su relación con Dios. Y de eso es lo que quiero hablarte en esta ocasión. No lo podemos entender, mucho menos nos podemos dar cuenta que esto se está dando en nuestra vida, pero es cierto que crecemos y la prueba produce en nosotros cosas que nos había tomado años entender, aprender y hacer.

Este mismo hombre perfecto para Dios, reconoció, y cito en este capítulo, lo que produjo en Él aquel proceso de prueba. Luego de estudiarlos, quiero compartirlos contigo porque aunque hablamos de un trato de Dios personal, hay cosas que yo las llamo "universales", quiere decir, se deben dar en la vida de cada uno de nosotros siempre. Que son distintivas en la vida de un hombre o una mujer de Dios. Que si hay ausencia de ellas, tiene que de alguna manera producirse situaciones en nuestra vida para que crezcamos en esas áreas.

Job dijo: #1 *"Yo conozco que todo lo puedes".* Capítulo 42, verso 1

Esto es algo que aunque lo decimos a diario, cuando llega el momento de la prueba a nuestra vida, no basta con decirlo, es el momento de creerlo, porque no hay otra opción. El escenario que tenemos delante nos motiva a esperar en la intervención de el Dios que todo lo puede. El Dios que no tiene límites, que es capaz de cambiar cualquier situación instantáneamente. Job, un hombre con una relación impecable con Dios, que creía saber que Él todo lo podía, pero no fue hasta aquel momento de su vida, que lo vio obrando de manera sobrenatural como nunca, porque antes de eso no había tenido una necesidad tan apremiante. Ya no era por lo que había creído, o por lo que había declarado, en esta ocasión porque lo vio obrar en medio de algo que parecía imposible. Cuando leemos todo el proceso de Job, todo lo que fue su prueba, entendemos en propiedad esta cita. Solo el Dios que lo puede todo podía levantarlo de la condición en que se encontraba. Con una sarna de los pies a la cabeza (*Ref. Job 2:7*). Perdió su familia, perdió todos sus bienes, estaba solo y ante el juicio de todos (*Ref. Job 1-2*). ¿Será que está en pecado? Soledad, tristeza, ¿cuánto más?

Son esos procesos en nuestra vida los que nos dejan como fruto creer sin dudar por un instante en el Dios que todo lo puede, porque en realidad la naturaleza de lo que estamos viviendo es tal, que solo puede ser transformada por Él. Es como cuando los doctores dicen: "No hay nada que hacer", "hay que operar y va a quedar mal". "Un hogar destruido o hijo rebelde", es esa expresión la que abre la puerta para que el Dios que todo lo puede intervenga.

#2 Job dijo: *"No hay pensamiento que se esconda de ti".* - El hombre perfecto para Dios reconoció, en medio de su prueba, algo que creía saber; Dios lo sabe todo. ¿Quién puede pensar que Dios no sabe todas las cosas? A veces los procesos nos recuerdan que Dios en efecto conoce hasta nuestros más íntimos pensamientos. No hay nada que él no sepa. Aún no está la palabra en nuestra boca y ya Él la sabe (*Ref. 139:4*). Son muchas las cosas que pensamos cuando estamos en medio de la prueba. Buscamos de forma constante una explicación a lo que estamos viviendo, son los famosos pensamientos que vienen y van porque nuestra mente es el campo de batalla, luchamos para no perder el control. Nuestro Dios lo ve y conoce nuestro esfuerzo. Job se refería a que le servimos a un Dios que conoce toda nuestra vida, concluyendo con lo más íntimo que son nuestros pensamientos. Porque solo él puede saberlos. Solo él tiene la capacidad de ver lo que no vemos, de entender lo que no entendemos, por eso ha diseñado un plan perfecto para nuestra vida aunque nosotros le llamemos prueba, para Él es propósito. Es él solo parte del fiel cumplimiento de su plan para nuestra vida. Es solo enderezar caminos o algo que es necesario hacer para que podamos pasar a otro nivel.

#3 Job dijo: *"¿Quién es el que oscurece el consejo sin entendimiento?".* - Cosas demasiado maravillosas para mí, que yo no comprendía. Job reconoció que era incapaz de entender lo que estaba pasando. Que por más que tratara de hacerlo no iba a poder. La prueba produce una actitud en nuestra vida que nos permite reconocer que somos incapaces de entender, en nuestra sabiduría humana, lo que Dios está haciendo. Job le cambió el nombre a su prueba, dijo, esto es demasiado maravilloso para mí, yo hablaba lo que no entendía. No es posible entenderlo en medio de la prueba, pero después sí. Podemos reconocer que nuestro Dios siempre está en control y que en su inmensa sabiduría sabe lo que hace aunque nosotros no entendamos.

Martita Soto

#4 Job dijo: *"Oye, te ruego, y hablaré; Te preguntaré y tú me enseñarás"*. - La prueba produce en nosotros un espíritu enseñable, nos damos cuenta que es importante estar siempre en una actitud de seguir aprendiendo. Nunca podemos pensar que ya hemos aprendido todo. Cuando pasamos por un proceso de prueba volvemos a retomar el camino del aprendizaje. Nunca se termina. Es importante tener todos nuestros sentidos dispuestos a recibir lo que Dios quiere que aprendamos en medio de lo que estamos viviendo.

#5 Job dijo: *"De oídas te había oído, mas ahora mis ojos te ven"*. - Job habló de aprender a conocer a Dios a otro nivel. Aun cuando Job era considerado por Dios como un hombre digno de imitar, este mismo hombre reconoce que creía haber conocido a Dios. De oídas te había oído, esto se refiere a algo superficial comparándolo con la experiencia vivida en medio de su prueba. Dos de sus sentidos están envueltos en este versículo, la vista y la audición. No es lo mismo hablar por teléfono que en persona. La conversación por teléfono es impersonal, la que tenemos en persona es más íntima. Él dijo: "Yo pensé que te conocía pero, después de esto que he vivido, me di cuenta que no, es ahora que te conozco". Y es el grado de intimidad que alcanzamos cuando estamos en medio de la prueba lo que nos hace conocer a Dios como nunca. Vivimos casi de forma literal en su presencia porque es en el único lugar donde podemos experimentar paz.

#6 Job dijo: *"Por tanto me aborrezco y me arrepiento, en polvo y ceniza"*. - Job habló de su experiencia de humillación y rendición delante de Dios. La prueba produce en nosotros ese deseo de vivir humillados delante de su presencia, reconociendo que él es Dios. Vemos al final de la prueba que todo fue con un propósito, aun en el peor escenario. Es importante entender que Job no estaba negando lo difícil de todo lo que le tocó vivir, ni nosotros tampoco lo haremos, pero a través de estos seis versículos reconoció la insuperable grandeza del Dios que le servía. Las pruebas no vienen para destruir nuestra vida, por el contrario, cada una de ellas nos permiten crecer y madurar en Dios.

Dios puede cambiar de forma inmediata cualquier situación por la cual estemos atravesando, nada es imposible para Él. En tanto nuestra situación cambie busquemos a Dios con todo nuestro corazón, con toda nuestra alma. No lo hagamos pensando que Dios se deleita en nuestro sufrimiento, él nos ama y siempre, no importa la situación, va a estar con nosotros. La palabra dice que Dios aumentó al doble todas las cosas que habían sido de Job, que bendijo su postrer estado más que el primero (*Ref. Job 42:10-17*).

Piensa: *Quizás al leer este capítulo estés en medio de una prueba que parece no tener solución, pero hoy Dios te dice, reconoce que yo soy Dios y yo mismo pondré fin a este mal tiempo. Prepárate para recibir al doble todo lo que has perdido. Te lo devolveré multiplicado, te dice el Señor.*

Martita Soto

El futuro de mi generación

"He aquí herencia de Jehová son los hijos; cosa de estima el fruto del vientre. Como saetas en manos del valiente, así son los hijos habidos en la juventud. Bienaventurado el hombre que llenó su aljaba de ellos; no será avergonzado cuando hablare con los enemigos en la puerta".
Salmo 127:3-5

Versión *Dios habla hoy*:

"Los hijos que nos nacen son ricas bendiciones del Señor. Los hijos que nos nacen en la juventud, son como flechas en manos del guerrero. ¡Feliz el hombre que tiene muchas flechas como esas! No será avergonzado por sus enemigos, cuando se defienda de ellos ante los jueces".
Salmo 127:3-5

"Bienaventurado todo aquel que teme a Jehová, que anda en sus caminos, cuando comieres el trabajo de tus manos, bienaventurado serás y te irá bien. Tu mujer será como vid que lleva fruto a los lados de tu casa; tus hijos como plantas de olivo alrededor de tu mesa. He aquí será bendecido el hombre que teme a Jehová. Bendígate Jehová desde Sión, y veas el bien de Jerusalén todos los días de tu vida. Y veas a los hijos de tus hijos. Paz sea sobre Israel". **Salmo 128:1-6**

"Y este será mi pacto con ellos, dijo Jehová: El espíritu mío que está sobre ti, y mis palabras que puse en tu boca, no faltarán de tu boca, ni de la boca de tus hijos, ni de la

boca de los hijos de tus hijos dijo Jehová, desde ahora y para siempre". Isaías 59:21

Este es uno de los temas que más me gusta estudiar y compartir con el pueblo de Dios. Pero también es uno de los que más preocupación me causa. Hay muchos temas que la iglesia del Señor prefiere ignorar, en vez de pelearlos sobre sus rodillas y con su estilo de vida. Me refiero a hablar acerca de lo que va a pasar con mi generación después de mí. Como parte del pueblo de Dios hemos asumido la postura incorrecta. Y me refiero a darle más importancia a lo que es genético, a lo que es herencia en el mundo natural, que a lo que puede estar pasando en el mundo espiritual y lo que va a pasar si yo como hombre, y mujer de Dios no considero con seriedad este asunto.

Debemos entender que lo que pasó en el Gólgota hace más de 2000 años no solamente tuvo un impacto en mi vida (por lo que hoy estoy aquí), sino que ese sacrificio fue suficiente para alcanzar mi generación. Dije al principio que este tema me causaba preocupación por el conformismo en que se encuentra la iglesia, en muchas áreas, y esta es una de ellas. Nosotros somos personas de autoridad en Dios. Una vez venimos a Cristo, nuestros ojos espirituales son abiertos, caen las escamas y vemos. Inmediatamente por medio de nuestra relación con Dios, la lectura y estudio de su palabra comenzamos a entender cuál va a ser nuestra lucha de aquí en adelante. Entro en una batalla para no solamente mantenerme yo, sino rescatar una generación que posiblemente ha sido gobernada por toda clase de espíritus de generación tras generación. Y por supuesto que una vez lo identificamos, podríamos decir que quedan al descubierto. Se desata una batalla intensa, porque vamos a quitarle la vida de los nuestros, lo que evitará que las maldiciones generacionales continúen con vida.

Martita Soto

Este es un tema que aporta conocimiento a nuestra vida y responsabilidad. Como padres tenemos que criar a nuestros hijos conforme lo establece la palabra. *"Instruye al niño en el camino y aun cuando fuere viejo no se apartará de él".* **Proverbios 22:6**. Esta es nuestra responsabilidad delante de Dios. Ser su modelo correcto. Vivimos conforme al modelo de Jesucristo, ellos van a imitarnos a nosotros.

Los estudios dicen que los primeros cinco años de vida de un niño son los que forman su carácter. Por eso es tan divertido verlos crecer, repetir todo lo que papá y mamá hace. Yo estoy viviendo esa etapa con mi segundo nieto. Estar con él es un "Disney"; frases como "Tata (me dice Tata), un pito café" (con una vasito en la mano), o cuando come tocándose la barriguita dice: "me siento mejor". Tiene tres años. Y es ver la maravilla de la perfección de Dios. Ver su parecido físico con su mamá y cuánto tiene de su papá. Sabemos sin lugar a dudas que es una creación perfecta de Dios. Todo lo que hace, lo hace porque lo ve, lo oye, todo lo imita, porque tiene una escuela en sus padres quienes son su modelo inmediato. Somos nosotros los responsables de educar a nuestros hijos, de prepararlos para entregárselos a Dios como herencia.

Sabes cuanto trabajan las personas, una vida entera, sin disfrutar la obra de sus manos para dejarles a sus hijos algo, una herencia. Casas, carros, cuentas de ahorro. Pero muchos no se preocupan por dejarles el modelo de vida correcto. La palabra del Señor dice: *"Que mis hijos son su herencia"* (Verso 1). Yo se los dejo en herencia a Dios. Sí, tus hijos son herencia de Jehová. Pero esto no es un trabajo fácil. Ahí es donde quiero llegar. Cuando tú lo entiendes y comienzas a orar, y a desatar esa palabra sobre tus hijos. Cuando comienzas a cancelar maldiciones generacionales, también se desata una batalla en el mundo espiritual. Cuando sales de la zona de comodidad y de la mentalidad del mundo que vive con estas únicas expresiones que afirman las maldiciones: "es que ella es así, porque salió a su papá", "es que él es así porque lo heredó de su papá", "ella salió embarazada a los quince años igual que su mamá y su abuela". Yo he escuchado cristianos hablando así, ministros de Dios hablando así. Estas son maldiciones generacionales que necesitan mantenerse vivas, y si yo no comienzo a declarar que mi generación será libre de ellas, van a mantenerse vivas. Tengo que cambiar mi lenguaje.

Lo vemos en la palabra en **Mateo 17:14-21:**

Jesús sana a muchacho endemoniado

"Cuando llegaron al gentío, vino a él un hombre que se arrodilló delante de él, diciendo: Señor, ten misericordia de mi hijo, que es lunático, y padece muchísimo; porque muchas veces cae en el fuego, y muchas en el agua. Y lo he traído a tus discípulos, pero no le han podido sanar. Respondiendo Jesús, dijo: ¡Oh generación incrédula y perversa! ¿Hasta cuándo he de estar con vosotros? ¿Hasta cuándo os he de soportar? Traédmelo acá. Y reprendió Jesús al demonio, el cual salió del muchacho, y éste quedó sano desde aquella hora. Viniendo entonces los discípulos a Jesús, aparte, dijeron: ¿Por qué nosotros no pudimos echarlo fuera? Jesús les dijo: Por vuestra poca fe; porque de cierto os digo, que si tuviereis fe como un grano de mostaza, diréis a este monte: Pásate de aquí allá, y se pasará; y nada os será imposible. Pero este género no sale sino con oración y ayuno".

La palabra nos confirma que era un espíritu, que era uno violento con decreto de muerte y que estaba en él desde niño. Por otro lado, que no sale sino es con oración y ayuno. ¿A qué se refería Jesús cuando dijo: "No sale sino con ayuno y oración". Cuando los discípulos le preguntaron por qué ellos no pudieron, su respuesta fue, ¡por vuestra poca fe! Es imposible declarar la palabra de libertad sobre alguien si no llevamos una vida de ayuno y oración, de comunión con el Padre, para poder entender contra quién estamos peleando. Dice que cuando vio a Jesús sacudió con violencia al muchacho. El enemigo reconoce a una mujer o a un hombre de autoridad. Por consiguiente no somos quienes debemos intimidarnos por él. Nuestros hijos son de Dios, son su herencia. Tú no estás solo, él te ayuda.

Tengo que cambiar mi lenguaje y proclamar que le pertenecemos a Cristo. Que mis hijos yo se los voy a dejar en herencia a Dios, no importa lo que tus ojos estén viendo en este momento. El enemigo siempre trabajará para hacerte creer que no hay autoridad en ti para cambiar tu generación. Siempre te hará sentir que tu oración no tiene ningún efecto, pero sí lo tiene, tu oración lleva como respaldo la palabra, lo que pasó en el calvario. La sangre de Cristo no cayó en tierra en vano. *"Jesucristo despojó, a los principados y potestades, los exhibió públicamente, anulando el acta de decretos de maldición que había en contra nuestra quitándola de en medio y clavándola en la cruz"*. **Colosenses 2:14-15.** Toda maldición fue crucificada juntamente con él.

"Como saetas en manos del valiente así son los hijos habidos en la juventud". Usted los educa, los enseña y como flecha los lanza y los deja ir con lo que les enseñó, que representa su equipaje de viaje. La palabra nos llama bienaventurados al tenerlos. No los llamaremos vergüenza. La palabra nos enseña que existen las maldiciones generacionales, pero también un pacto de bendición para ellas. **En el libro de Isaías, Capítulo 59 verso 21:** *"Y este será mi pacto con ellos, dijo Jehová: El espíritu mío que está sobre ti, y mis palabras que puse en tu boca, no faltarán de tu boca, ni de la boca de tus hijos, ni de la boca de los hijos de tus*

hijos, dijo Jehová desde ahora y para siempre".

Piensa: *¿Cuál ha sido tu posición hasta el día de hoy con relación a ese tema? ¿Te has conformado viendo cómo el enemigo mantiene tu generación en maldición, sin hacer nada para evitarlo? Es tiempo de tomar autoridad y declarar con toda autoridad: "yo me apodero de la palabra y declaro que mi generación le pertenece a Cristo".*

Tú eres la tarjeta

"Hubiera yo desmayado si no creyese que veré
la bondad de Jehová en la tierra de los vivientes".
Salmo 27:13

Todos en algún momento de nuestra vida, nos levantamos un día y sentimos que se nos junta el cielo con la tierra. No porque haya pasado nada extraordinario sino por lo mismo que manejamos a diario. Lo que pasa es que ese día en particular estás más sensible y todo se hace muy grande delante de tus ojos. Creo que ya te estás identificando conmigo. ¡Claro que sí! Ese día lloramos hasta el cansancio y ni siquiera nos queremos levantar de nuestra cama. Uno de esos días, mientras ponía especial atención a mi escenario de vida, el Señor me habló y me dijo: "Tú eres la tarjeta". Y les cuento que compartiendo mi vida por los últimos 30 años con un ex policía (mi esposo), este término no me era desconocido. Pero de ahí a que yo era la tarjeta les confieso que me di a la tarea de averiguar por qué. Claro que Dios sabía por qué me lo estaba diciendo o digamos, recordando. Es porque en ocasiones nos olvidamos del papel que jugamos en medio de nuestras familias y en el mundo espiritual cuando hemos determinado servir al Señor de forma fiel y comprometida.

Por supuesto que comencé preguntándole así como si fuera una entrevista, al que tenía más cerca y un experto en el tema. Le pregunte a mi esposo, "¿mi amor, qué es una tarjeta?". Él me dijo: "la tarjeta es a quien va señalado un ataque o la persona a quien se está buscando". Me dijo:

"Cuando dan la noticia por los medios de que se cometió un asesinato, por lo general dicen: el nombre del occiso, quien era la tarjeta". Entonces eso de ser la tarjeta, después de escuchar esa explicación, no me pareció muy alentador. Si lo llevamos a la explicación de lo que el Señor me quiso decir es más que sencillo. En el mundo espiritual el enemigo también identifica la tarjeta en medio de las familias y de los ministerios. Él sabe sobre las rodillas de quien está el peso de alguien o algunos, y el efecto que tienen sus oraciones para que se mantengan de pie. Es esa persona que no descansa, no cesa de pedirle al Señor por los suyos. Que contrarresta todos los ataques del infierno con una vida de oración ferviente y comprometida. No es el que ora esporádicamente, es el que lo hace como dice la palabra, sin cesar. Que está convencido de que su victoria está sobre sus rodillas. En el mundo espiritual esa persona se convierte en "la tarjeta".

El enemigo nunca estará interesado en matar espiritualmente a aquel que vive cómodamente. Que va a orar de vez en cuando, que se congrega poco o que sabe que tiene un llamado pero no hace nada para ver su cumplimiento. Ese no le causa desvelo, por el contrario diciéndolo de forma jocosa, que no lo es, pero para mejor entendimiento, a ese lo arropa, y hasta propicia un ambiente de comodidad para que no salga de ahí. Sus ojos están sobre el que lee la palabra, la estudia, la escudriña y se memoriza las promesas de Dios. Ese que cuando ora provoca que el infierno tiemble, porque por medio de su oración toca el corazón de Dios. Vive una vida que no representa tropiezo a su comunión con Dios. Muchas veces las personas se preguntan por qué no reciben respuestas a sus oraciones, una de las razones es porque su vida representa tropiezo. Cuando le oramos a Dios el enemigo está atento, escucha lo que le estamos pidiendo a Dios, y si nuestra vida no está acorde con lo que

Martita Soto

establece la palabra que debe ser, él siempre está ahí para acusarnos. Él sabe quién es una persona de autoridad, él la identifica como "la tarjeta", sobre quien tiene que ir el ataque. Él trabaja para debilitarla, para que desista, y para que se rinda.

Por eso la intensidad de nuestro diario vivir cada vez que actuamos conforme al carácter de Dios, tiene un efecto en el mundo espiritual. Las vidas son impactadas a través de nuestro proceder diario. Ese fue el ministerio de Jesús. Él dijo: *"No me elegisteis vosotros a mí, sino que yo os elegí a vosotros, y os he puesto para que vayáis y llevéis fruto, y vuestro fruto permanezca; para que todo lo que pidiereis al Padre en mi nombre, él os lo dé. Esto os mando: Que os améis unos a otros"*. Juan 15:16

Ese fruto que nosotros damos hace que nos coloquemos en el ojo del enemigo. Es porque estamos agradando al Padre y haciendo su voluntad. Pero nos convertimos también en malas noticias en el infierno. Nuestro trabajo es que las almas se salven por medio de nosotros, no importa cómo se predique la palabra. No necesitamos un púlpito en un edificio llamado iglesia. ¡No!, nuestro púlpito es uno que lo colocamos donde quiera que vamos y todos los días de nuestra vida, 24/7. Es nuestra vida lo que realmente predica. No es solamente nuestra boca lo que usamos para predicar, y mucho menos el mensaje hablado. Tenemos tantas formas y maneras de predicar este evangelio. Y nuestro adversario tiene su mirada puesta en aquél que está utilizando todo lo que tiene. Ese que si puede hablar, habla, sino sonríe, y si no funciona eso, comparte el pan, y si eso tampoco, pues la oración, y si tampoco, pues visita. Ese hombre que entiende que ha sido llamado a representar la persona de Jesucristo aquí en la tierra, como él mismo dijo: "Haciendo mayores cosas que las que él hizo" (*Ref. 14:12*).

Debemos entender que hay un "me propongo" en el infierno mismo de silenciar nuestra voz. Que hasta tu foto desespera al enemigo de las almas porque no importa por lo que puedas estar pasando cualquier opción es buena para ti menos rendirte y renunciar a tu servicio al Señor.

Nuestra lucha no es contra carne y sangre, debemos entenderlo, nuestra lucha es una espiritual y cuando se encuentran con un hombre o una mujer de Dios firme, serio, vertical, que no compromete la palabra de Dios por nada ni por nadie, camina de un lado a otro en desesperación porque ve que su vida está apoyada firmemente en el Dios que le sirve.

En ocasiones nos encontramos buscando la mejor estrategia de evangelización y ya la tenemos. Jesucristo lo hizo primero. Él fue sensible al dolor del enfermo, sensible al que está oprimido, al pecador que vive en esclavitud por causa de su pecado. Escuchó el grito del alma de un ciego, de un paralítico y de un Zaqueo enganchado en un árbol. Las almas van a venir por nuestros frutos, para eso fuimos elegidos. Mientras más fuertes sean nuestras batallas, más efectivos estamos siendo. Debemos aprender a mirar a las personas sin Jesús en sus vidas, como él lo hacía. Cuando Zaqueo supo que él iba a pasar por allí, se subió a un árbol, no le importó lo que iban a pensar de él, tenía una necesidad y era encontrarse con Jesús.

Habiendo entrado Jesús en Jericó, iba pasando por la ciudad:

"²Y sucedió que un varón llamado Zaqueo, que era jefe de los publicanos, y rico, ³procuraba ver quién era Jesús; pero no podía a causa de la multitud, pues era pequeño de estatura. ⁴Y corriendo delante, subió a un árbol sicomoro para verle; porque había de pasar por allí". Lucas 19:1-4

Todo el que observó lo que estaba haciendo, solo pudo ver al cobrador de impuestos que le robaba al pueblo. Pero Jesús pudo ver más allá, vio un alma que necesitaba salvación.

"⁵Cuando Jesús llegó a aquel lugar, mirando hacia arriba, le vio, y le dijo: Zaqueo, date prisa, desciende, porque hoy es necesario que pose yo en tu casa".

Eso espera Él de nosotros, que aunque el mismo infierno se levante por nuestra pasión, nunca renunciemos a tan grande privilegio, como lo es servirle.

Hay muchos Zaqueo con convicción de pecado allá afuera buscando a alguien que le muestre al Jesús que tanto se predica. Que le muestre su amor, la razón de la cruz. Muchas María Magdalena cansadas de solo encontrar personas en el camino que le lancen piedras, negándole así la oportunidad de salvación y restauración. Alguien que se atreva a hacer eco a las palabras de Jesús, cuando dijo: "que el sano no tenía necesidad de médico" (*Ref. Mateo 9:12*).

Alguien que sabe que es "la tarjeta", pero aun así prefiere ser parte del plan de trabajo diseñado por Jesucristo rey de reyes, el que se exhibió públicamente a todo principado y a toda potestad, triunfando sobre ellos en la cruz.

Piensa: *¿Te has preguntado al día de hoy el por qué de tus batallas, por qué en tanto más firme en el Señor, más grande son tus luchas? La respuesta. "Tú eres la tarjeta", tu vida de frutos está teniendo efecto en el mundo espiritual. Sé fuerte, se está preparando tu corona. ¡Resiste!*

El valle de sombra y de muerte cambia de nombre

"Aunque ande en valle de sombra y de muerte no temeré mal alguno".
Salmo 23:4

Cuando repetimos esta palabra a diario se hace real, tan real en nuestra vida, tan real como el aire que respiramos. Hablo del Salmo 23, uno que en algún momento todos hemos leído, enseñado y hasta lo usamos en ocasiones especiales. Es tan propicio, es vida para nosotros. Todo comienza a tener sentido, se convierte en la medicina que necesita tu alma. Eres ese ciervo que brama por las corrientes de las aguas que hace referencia David en el Salmo 42:1. Es sencillamente eso que necesitas recibir en el proceso que estás viviendo. Es por eso que no podemos vivir sin la palabra del Señor porque es el maná que nos alimenta y que nos fortalece cada día.

David escribió el Salmo 23 en medio de un proceso de angustia muy grande; estaba siendo perseguido por el Rey Saúl para matarlo. Aquel momento no pudo ser más inspirador para escribir, por lo difícil de lo que estaba atravesando. La confesión de quién era Dios y lo que podía hacer en su vida fue lo que le permitió seguir de pie sin dudar que quien lo había ungido para ser rey de Israel, estaría con él siempre. Un dato muy interesante en este salmo es el hecho de que David se usó como modelo a sí mismo para poder visualizar los cuidados del pastor en su vida. Él cuidaba de su redil, él era pastor de ovejas y

Martita Soto

procuraba el bienestar máximo de su rebaño. Él las conocía y ellas a él. Sabía cuáles eran sus debilidades. Me imagino (solo pensando) que se sentó en medio de su proceso de huida y dijo "si yo cuido así de mis ovejas, cuanto más lo hará el Señor conmigo". Y se inspiró:

"Jehová es mi pastor y nada me faltará" - Reconociendo así su capacidad para ocuparse de todo lo que tenía que ver con su bienestar en todas las áreas de su vida. Ese primer verso fue uno que salió de lo profundo de su alma, comenzando desde aquel momento un fortalecimiento sobrenatural en su vida. Un momento de quietud le visitó. Su alma se aquietó acallando aquella angustia que había arropado su vida a lo largo de aquel viaje que hacía huyendo del rey Saúl. Aquella palabra declarada le devolvía la fuerza y el deseo de vivir. Es porque hay momentos en nuestra vida que diéramos lo que fuera para evitar el proceso y hasta perdemos la fuerza. Muchos pierden hasta el deseo de vivir. Pero cuando declaramos quién es Dios en nuestra vida todo cambia. ¡Comienza su visitación!

"En lugares de delicados pastos me hará descansar" - Todo esto comienza a darse con la confesión de la palabra, no solamente citarla como si esta acción por sí sola tuviera algún efecto. Esa declaración tiene que estar acompañada del ingrediente principal, y eso se llama la fe. Fe para creer que lo que confieso se está dando en mi vida. El Señor mi pastor, me hace descansar, no en cualquier lugar, es en lugares de delicados pastos, escogidos de forma cuidadosa por Él mismo para mí, porque sabe el descanso que yo necesito y en qué áreas de mi vida. David estaba seguro de lo que decía porque él hacía lo mismo por sus ovejas; cuánto más no lo haría el Señor por él y por nosotros. No había lugar para la duda, no puede haberlo en nosotros tampoco. Él traerá descanso y mullirá tu cama en medio del proceso. Serás procesado pero nunca dejarás de experimentar los

cuidados del pastor.

"Junto a aguas de reposo me pastoreará" - El agua es y siempre será vital en nuestra vida. No podemos vivir si no la consumimos, de hecho ya se ha convertido en una de las preguntas protocolares en la visita a nuestro médico de cabecera. Te preguntan si tomas mucha agua y si tu respuesta es que "no mucha", te orientan sobre la importancia de su consumo. De igual manera es importante la ingesta de agua en el mundo espiritual y el buen Pastor siempre estará pendiente de que la oveja esté cerca de un lugar donde al tener sed, el agua esté accesible para ella. El Señor es el agua que sacia nuestra alma, Jesús le dijo a la samaritana, el que bebiere de esta agua no volverá a tener sed jamás (*Ref. Juan 4:14*). Refiriéndose a Él mismo. Él es el reposo que necesitamos. Él prepara un hábitat que traerá paz en medio de cualquier proceso que podamos estar pasando. Cuando leemos este verso y lo hacemos nuestro de forma literal, podemos descansar en Dios, como Él realmente espera que lo hagamos.

"Confortará mi alma; me guiará por sendas de justicia por amor a su nombre" - Es cierto que las fuerzas nos faltan, y hay momentos en que ya no queremos continuar por lo difícil que podamos estar viviendo. Te puedes imaginar cómo se sentía David. Se encontraba huyendo del rey Saúl, lo quería matar y lo único que impartió fuerzas a su vida fue comenzar a resaltar los atributos de Dios. Él hará honor a su nombre, dijo David. Él es y será siempre quien dice ser. También hará lo que dijo que iba a hacer.

"Aunque ande en valle de sombra y de muerte, no temeré mal alguno; tu vara y tu cayado me infundirán aliento" - Este es el climax de este salmo. Llegó el momento donde David confesó cómo realmente se estaba sintiendo; "estoy andando por un valle de sombra y de muerte", un valle por

si solo puede ser hermoso, pero cuando le añades estos adjetivos, cambia todo el escenario. Sombra es lo único que existe cuando estás solo, y llega a producir miedo convirtiéndose en tu única compañía. Representa oscuridad, porque solo se ve cuando hay iluminación. Representa la soledad, porque solo estás tú y Dios. La muerte representa la espera de morir en medio de lo que estás pasando. Él sabía que por más que se escondiera su único y verdadero escondite lo era el buen Pastor quien tenía cuidado de Él. De no ser así su muerte era segura. No importa cuántas fueran sus habilidades, solo en Dios podía estar puesta su confianza. Pero el valle de sombra y de muerte desde aquel momento cambió de nombre para David. Comenzó a verlo como un lugar de seguridad y de crecimiento, no importando lo que pudiera representar en lo natural. Comenzó a verlo como un lugar transitorio y de seguridad, porque no era la sombra, ni la muerte su verdadera compañía sino los cuidados del pastor. En los valles se transita, no son lugares donde nos estacionamos a morir. Son lugares por donde solo pasamos por un momento con el monitoreo del buen Pastor. Él nunca dejará que nos extraviemos, "su vara y su cayado" nos servirán de dirección y amonestación en un proceso que en ocasiones nos causará aflicción y eso mismo en ocasiones puede llegar a hacer que nos desorientemos y queramos salir corriendo en la dirección equivocada. Él siempre estará ahí para alentarnos con amor a continuar diciéndonos, "sigue caminando, ánimo ya falta poco".

"Aderezas mesa delante de mí en presencia de mis angustiadores; unges mi cabeza con aceite; mi copa está rebosando" - David comenzó a ver aquel proceso de otra manera, la angustia cambió de nombre. Una vez abrió sus ojos espirituales, ya el valle se llamaba honra, banquete delante de mis enemigos, una gran victoria se acerca, aceite fresco, unción fresca. Eso es lo que produce en nuestra

vida el valle de sombra y de muerte, el proceso, el mal tiempo, llámalo como mejor te ayude a identificarte. Pero igual producirá en ti autoridad para comenzar a llamar las cosas que no son como si ya fueran, y las vas a declarar por fe. En ese proceso David dijo: "mi copa está rebosando"; queriendo decir ya entiendo, esto que estoy viviendo me servirá para llenarme como nunca de la presencia del Dios, a quien yo le sirvo. Eso que estás viviendo hará que cuando todo termine tu copa esté tan llena que vas a tener para repartir a otros. Hay personas que cuando Dios les hace un llamado quisieran de forma inmediata subir a un altar y comenzar a ministrar. Pero el problema es que cuando lo hacen sin estar listo, cuando llega el tiempo de pasar por el valle, no pueden ver a Dios ahí. A todos nos toca en algún momento pasar por el valle de sombra y de muerte. Pero cuando dejamos que el buen Pastor trabaje con nosotros ahí, salimos con nuestra copa rebosando; entonces sí vamos a tener mucho para dar. Este tiempo donde solo estamos nosotros con el Señor nos permite crecer espiritualmente y menguar en nuestra humanidad que es algo tan necesario en este tiempo. Vemos nuestra imposibilidad de seguir este camino solos. Aprendemos a depender de Dios como nunca. El "yo" muere de forma total, aprendemos a decir él lo hizo, a dar la gloria a quien único la merece, no de forma liviana, sino de corazón; "la gloria es toda tuya Señor Jesús". No hay ni podrá existir nunca lugar para el orgullo porque ese viaje por el valle te enseña lo que es la humildad. David empezó joven en su ministerio, fue aclamado por su gran victoria frente a Goliat; de hecho, esto provocó los celos de Saúl. Sufrió persecución y se encontró solo, él y Dios. La soledad del proceso nos enseña a anhelar la presencia de Dios en nuestra vida. Me pueden dejar todos y puedo vivir, aunque me duela, pero sin su presencia no puedo continuar viviendo.

Martita Soto

"Ciertamente el bien y la misericordia me seguirán todos los días de mi vida y en la casa de Jehová moraré por largos días" - Al finalizar el proceso David entendió que no era el fin. Llegó la confianza, la certeza de que Dios estaba con él a un nivel tan alto que sus últimas palabras en este salmo lo confirmaron. Cierta e indudablemente que estaré bien, su bondad, su misericordia, nunca faltarán en mi vida, no voy a morir en este proceso y me esperan largos días. Cuando no hemos entendido que los procesos son tiempos de crecimiento en Dios, los vamos a ver solamente como portadores de angustia a nuestra vida y vamos a vivir después de ellos recordando lo malo y no cuánto aportó a nuestra relación con Dios. Los valles, la persecución, la soledad y la aparente oscuridad nos llevarán a rebosar en Dios, si aprovechamos este tiempo para crecer en todas las áreas que necesitamos hacerlo.

Si Dios permite el valle de sombra y de muerte en tu vida, tranquilo, fue Él y sabe por qué. No estás solo, no te faltará nada, mantente firme no importa lo que vean tus ojos. Verás los cuidados del buen Pastor como nunca.

Piensa: *Vuelve a leer el Salmo 23 una vez termines de leer este capítulo. ¿Cierto que ya tu interpretación cambio? De aquí en adelante este salmo, que casi siempre se utiliza para resaltar solo lo difícil del momento, se convierte y te motiva a crecer en medio de tu proceso. ¡Ánimo! ¡Te falta mucho camino por andar!*

Camina a tu paso

"¿No sabéis que los que corren en el estadio, todos a la verdad corren, pero uno solo se lleva el premio? Corred de tal manera que lo obtengáis".
1 de Corintios 9:24

Si pudiéramos entender que le servimos a un Dios que siempre está en disposición de hablarnos y que más que nosotros, su deseo es comunicarse a diario. Así me habló el Señor en este día. Como muchas personas hago todo lo posible por realizar algún tipo de ejercicio, ya no tanto para verme mejor, sino porque ayuda a mi salud. Esta mañana durante mi rutina pude observar a otras personas hacer lo mismo que yo, unos adelante y unos más atrás. Fue cuando el Espíritu Santo me habló y me dijo: "Así debemos hacer, refiriéndose al plano espiritual. Debemos dejar que cada cual "camine a su paso". En nuestra charla me decía: "Cuando hacen ejercicio cada cual decide a qué paso lo va a hacer, si se esfuerza más, si se esfuerza menos; si le añade brazos, si le añade un poco de "jogging". Por supuesto, cuanto más esfuerzo mejores resultados. Siempre vamos a ver una variedad de estilos, por llamarlo de alguna manera, en nuestra rutina de mañana. Ahora, ¿qué tiene que ver esto con nuestra vida espiritual? Es exactamente lo mismo. Cada cual decide a qué paso va a caminar. También requiere de mucho esfuerzo si queremos ver resultados. Además, debemos añadir, que al igual que el ejercicio físico, experimentaremos dolor a medida que vamos creciendo en muchas áreas de nuestra vida. Cuando comienzo mi acostumbrada ruta de mañana, lo hago con

Martita Soto

mucho dolor en mis piernas, tanto que si me concentro en eso me regreso a mi casa. Luego pienso en los beneficios, y me digo a mí misma no, no puedo rendirme, tengo que continuar. También en nuestro servicio al Señor debemos tomar la decisión todos los días de no rendirnos. Muchos pueden, si lo deciden, solo caminar sin nunca llegar a tener un relación genuina con Dios. Teniendo una de forma superficial, voy al culto los domingos y ya. Que nadie me diga cómo vivir ni qué cosas hacer o dejar de hacer. Sin ninguna clase de meta y sin deseos de seguir creciendo. Pero cuando entendemos que esto no nos conviene, que fuimos creados para intimar con el Padre, para hablar con él todos los días y para tomar su opinión en cuenta, entonces le añadimos palabra a nuestra vida, discipulado en todas las áreas que son requeridas para ser fuertes espiritualmente hablando.

¿Por qué es importante ser entendidos en esto? Te explico lo que me decía el Señor. El servicio a Dios siempre se trata de una decisión, y una personal. Su palabra establece que es uno libre y voluntario. Y en muchas ocasiones nos encontramos tratando de darle una ayudita al Señor obligando a las personas, en la mayoría de las ocasiones las que son allegadas a nosotros, (esposos, hijos, hermanos) a que caminen al paso que nosotros queremos y no al que ellos quieren. Oramos y hasta tenemos diferencias personales porque no vemos aparente progreso en su "rutina espiritual". Olvidándonos así de que hay un trabajo que nos corresponde hacer a nosotros, y es orar, el resto solo es trabajo de Dios, de su hermoso Espíritu Santo que es quien convence al hombre de pecado y lo lleva al arrepentimiento. Es importante que entendamos esto porque muchas veces no disfrutamos nuestra vida de servicio al Señor porque siempre estamos tratando de ser nosotros, con nuestras fuerzas y palabras el hacer entender a los nuestros que es necesario que le pongan intensidad a su rutina de "ejercicio espiritual" para que crezca su relación con Dios. Muchas veces me he encontrado aconsejando a una mujer frustrada por su relación con su esposo, porque no hace más que discutir con él, porque se ha pasado la vida haciendo exigencias de cómo debe ser su relación con Dios, mientras que ella se ha perdido de los mejores tiempos con el Señor, por estar tratando de que "su esposo camine al mismo paso que ella". No, eso no es lo que Dios quiere. ¡Él no le exige a nadie nada! Él solo quiere que el hombre acepte la invitación, no la obligación, la invitación que él nos hace de venir libre y voluntariamente. Él solo quiere bendecir nuestra vida.

Una de las causas de no alcanzar la experiencia del gozo de nuestra salvación es por querer hacer lo que no nos corresponde. Solo debemos orar, y seguir caminando a nuestro paso. Esforzarnos al máximo, todo cuanto queramos y podamos para poder disfrutar nuestro crecimiento. Nunca debemos detenernos para mirar quién se queda atrás y tampoco distraernos con el que va más adelante. De hecho, si lo llevamos una vez más al plano natural, los corredores en su mayoría pierden la carrera cuando ponen su mirada en quien va más al frente que ellos. Todos hemos sido equipados, todos podemos con esfuerzo llegar hasta el final. Pero no se trata de nosotros, de palabras persuasivas de hombres, se trata de decisión. Es sumamente necesario que entendamos esto porque sino, la lentitud del paso del otro te hará tropezar. Dios no nos pide que tratemos de convencer a nadie, de hecho, jamás lo logramos. El asunto es que mientras sigamos tratando de hacer que el otro camine a nuestro paso, nos vamos a drenar, perdiendo así las fuerzas necesarias para poder concluir nuestra propia carrera.

Necesitamos una palabra que nos sirva como la llave para

la felicidad y es esta: Debemos aprender a vivir nuestra propia experiencia personal. Esto no se tramite, es única. La mayoría de las personas en el cuerpo de Cristo andan todas en tristeza y cargadas de aflicción, y ¿por que? ¿Por qué mi esposo, mi hijo, mi mamá, no han venido a los pies de Cristo, o van a la iglesia?, pero no es como yo quisiera. ¡No ha venido pero vendrá en el nombre de Jesús! Todavía no es como tú quisieras pero lo va a hacer. Mientras, sigue orando y sobre todo sigue gozándote en el Señor y ¡que nada robe tu alegría, tu paz!

De hecho la palabra dice: *"Que el gozo del Señor es nuestra fortaleza"*. **Nehemías 8:10**

Los atletas consumen proteínas, vitaminas y una dieta diseñada de forma personal para poder tener el mejor rendimiento. Nosotros necesitamos gozo para estar fuertes, el enemigo siempre va a trabajar para robárnoslo y esta es una de las formas, lograr que pongamos nuestra mirada en lo que aún no ha pasado en la vida de aquellos por los que estamos orando.

Es el Espíritu Santo el que hará la obra, nuestra oración mueve la mano de Dios. La palabra dice: *"Que Job oraba de mañana todos los días por sus hijos, por si hubieren pecado"*, (**Job 1:5**). Solo ora y camina a tu paso.

Otra importante razón por la que debemos entender esta verdad es porque no podemos nosotros convertirnos a ellos. La palabra lo enseña en **Jeremías 15:19**. He conocido a otros que cuando pasa un tiempo y el otro no camina al mismo paso que el de ellos, se les paran al lado y siguen al mismo paso del otro. Pasa el tiempo, dejas de verlos y cuando te los vuelves a encontrar y les preguntas te lo dicen así mismo: "No, lo que pasa es que pues, mi esposo se retuvo en la casa y yo también me quede". Así con un rostro de conformismo. ¡No! ¿Y tu salvación qué? ¿Y tu vida en Dios? ¿Qué vas a hacer con tu propia carrera, la vas a perder? ¿Qué vas a hacer con todo lo que Dios te ha entregado para que lo uses? ¿Tus talentos, tus dones? ¿Vas a abortar el propósito de Dios?

Hemos sido llamados a hacer solo una cosa por los nuestros y es orar y por supuesto estar siempre para ellos. Cuando los que están a nuestro lado caminando nos necesiten, debemos estar para ellos, pero nunca debemos detenernos, ni siquiera para contemplar cuál está siendo su paso. Muchos se detienen a mirar el paso del otro y piensan que es mejor detenerse en lo que están haciendo para dar tiempo de que el otro te alcance un poco o ya esté cerca (que le falte menos). Esto es cuando vas avanzando y tu relación con el Señor creciendo. Entonces decides detenerte porque se nos ocurre pensar por un momento que pareciéramos egoístas, porque no esperamos a la otra persona. El llamado de Dios es único para cada uno de nosotros y todos estamos en la misma disposición de aceptarlo o no. Él quiere que lo hagamos. Es por eso que los que corren, cuando quieren llegar a la meta y proclamarse ganadores, se esfuerzan al máximo, llevan una excelente relación con el resto de los competidores, pero están claros de que no pueden enfocarse en las debilidades o fortalezas de los demás si quieren ganar. Al final, le dan la mano a los otros competidores, pero cuando se miran al espejo, esa medalla en el cuello les dice que valió la pena su esfuerzo.

Veremos a los nuestros venir a Cristo, pero no va a depender de nuestra insistencia y mucho menos de nuestras correcciones, deja que sea el Señor que con su amor se revele a sus vidas. Cuando ores, clama por una experiencia de revelación a sus vidas, envía la palabra, ella corre velozmente por toda la tierra (*Ref. Salmo 147:15*). No comprometas tu tiempo de entrenamiento, tu tiempo

Martita Soto

de capacitación. Cuando oramos y decidimos dejar que sea Dios quien obre, nos sobra tiempo para seguir creciendo, nos capacitamos y nos hacemos fuertes. Cuando comencé mi rutina de ejercicios nuevamente (la había dejado), al principio se me hizo tan fuerte esos primeros días; ¡me dolía todo! Una hora de ejercicios se me hacía interminable pero a medida que ha ido pasando el tiempo, ya no duele tanto. Igual pasa cuando nos ejercitamos dejando que sea Dios que haga su trabajo, mientras nosotros le buscamos y fortalecemos nuestra relación con Él; nos hacemos cada vez más fuertes y lo que antes dolía tanto, ya no, porque lo podemos ver a través de sus ojos. En el momento de enfrentar cualquier situación en particular, nos preguntamos "cómo lo ve el Señor" o, "qué harías tú ante una situación como esta". Nuestras reacciones cambian porque decidimos poner nuestra mirada no el paso del otro, sino en el mío propio.

Muchas veces nos vemos poniendo nuestros intereses antes que los de Dios. Él está más interesado que nosotros en que nuestros familiares se salven. Se nos olvida que él fue a la cruz por nosotros y lo hizo por amor. Solo oremos, él encontrará la forma perfecta de traerlos. Lo hizo con nosotros. Es bueno de vez en cuando pensar un poquito en nuestra experiencia de salvación. ¡La mía fue grandiosa! Disfruto cada vez que pienso en todo lo que hizo el maestro por mí. Cuántos encuentros provocó para dejarme sentir su amor. Si lo hizo por mí lo va a volver a hacer por los míos. ¡Nuestro Dios es fiel!

Piensa: *Al día de hoy, ¿cuánto tiempo perdido, no? Dios quiere que disfrutemos nuestra carrera, él va a nuestro lado y quiere que lo sepas, que lo notes. Deja que Él se encargue, los tuyos están en sus manos. Solo entrégaselos, él hará lo demás. Yo sé que lo hará, ¿y tú?*

Mis lágrimas como teclado

"Los que sembraron con lágrimas
con regocijo segarán. Irán andando y llorando
el que lleva la preciosa semilla;
mas volverán a venir con regocijo,
trayendo sus gavillas".
Salmo 126:5-6

Pensar que nos puede nacer en el corazón inspiración para escribir o hacer algo cuando estamos tristes, a nivel de derramar lágrimas, es imposible. Cuando nos encontramos en este estado, es casi uno de inercia. Paralizados. Nada parece producir motivación alguna en nuestra vida. Pero algo extraordinario pasa cuando vivimos al servicio de Dios. Entre lágrimas no dejamos de hablar con Él, de soñar y de buscar su perfecta voluntad para nuestra vida. Lo buscamos con desesperación anhelando escuchar su voz. Nuestra alma grita desesperada, "Señor háblame". Sé que hasta aquí ya te estás identificando con el tema. ¡Claro que sí! Es que todos, en algún momento de nuestra vida, le hemos gritado al Señor de lo profundo de nuestra alma, revélate a mi vida en medio de este proceso. Muéstrame tu voluntad. Y pareciera que los cielos están herméticos, cerrados para mí.

Es cuando esa sed de oír a Dios nos lleva a anhelarle y buscarle como nunca. Toma sentido para mí las palabras del salmista cuando le dijo: ***"Como el ciervo brama por las corrientes de las aguas, así clama por ti, oh Dios, el alma mía. Mi alma tiene sed de Dios, del Dios vivo; ¿Cuando vendré y me presentaré delante Dios? Fueron***

Martita Soto

mis lágrimas mi pan de día y de noche, mientras me dicen todos los días: ¿dónde está tu Dios?". Salmo 42:1-3

Puedo verme ahí en su lugar, cuando mis lágrimas han sido mi pan de día y de noche. Cuando solo entrar a la presencia del Padre puede traer consuelo a mi alma. El salmista habló a su alma, *"¿porqué te abates, oh alma mía, y porque te turbas de mí? Espera en Dios; porque aún he de alabarle, Salvación mía y Dios mío"*; (Salmo 42:5). Las lágrimas en la presencia de Dios producen en nosotros el esperar y seguir confiando en sus cuidados y soberanía. Pero son las que son derramadas en su presencia, fuera de ahí se transforman en unas que dejan como fruto la angustia. Las lágrimas producen alabanza genuina, la que sale del corazón de un verdadero adorador. Nos hacen sensibles como nunca a su presencia. Se da en nosotros un proceso de crecimiento espiritual que no se produciría con mayor eficiencia como en este momento de nuestra vida.

No es el peor tiempo de nuestra vida. Por el contrario, cosas grandes, muy especiales ocurren que recordaremos y contaremos a través de nuestra vida. Muchos serán edificados y crecerán cuando escuchen de nuestra experiencia. Podrás decirle a otros mientras llore, pero en medio de mis lágrimas, pude conocer a Dios como nunca. Que aprendiste que llorar no solo es sinónimo de tristeza, también significa "presencia". Que aprendiste que llorar no es malo también es parte de nuestro equipaje de viaje. Que hay un fluir hermoso de la unción de Dios en nuestra vida. Este proceso de quebrantamiento nos lleva a depender de Dios, recordándonos nuestra fragilidad, su grandeza y nuestra gran dependencia de Él.

Todo tiene un propósito, nada acontece en nuestra vida porque sí. Vivimos escondidos en Dios, en la palma de su mano, estamos esculpidos justo ahí (*Ref. Isaías 49:16*). Nadie más tiene autoridad sobre nuestra vida, solo él puede dar orden de los tiempos que nos corresponden vivir. Nuestras lágrimas no caen en ningún otro lugar que no sea en su redoma. Él las tiene todas contadas.

Es tan diferente cuando nos proponemos crecer en medio de lo que parece no ser bueno o lo que no entendemos. Es ponernos de acuerdo con Dios para continuar este hermoso camino que se llama vida en común acuerdo con Él.

¿Has llorado mucho? Yo también he llorado. Pero si mis lágrimas han sido muchas, mucho más ha sido lo que he crecido. No importa lo que estés pasado en este tiempo, "usa tus lágrimas como tu teclado". Escribe la historia que luego será de bendición a otros. Aprovecha este momento al máximo. Pasa tiempo con Dios. Adórale como nunca. Busca una experiencia de revelación. Que puedas salir como Moisés con tu rostro resplandeciente, tanto que otros tengan que cubrir el de ellos. La palabra dice:

"Y aconteció que descendiendo Moisés del Monte Sinaí con las dos tablas del testimonio en su mano, al descender del Monte, no sabía Moisés que la piel de su rostro resplandecía después que hubo hablado con Dios. Y Aarón y todos los hijos de Israel miraron a Moisés, he aquí la piel de su rostro era resplandeciente; y tuvieron miedo de acercarse a él". Éxodo, Cap. 34: 29-30

Moisés no lo sabía. Quizás tú no lo notes, pero los demás sí. Y eso producirá que otros vean a Dios en ti y le conozcan. Ese es nuestro propósito primordial en este mundo. Que otros le conozcan y lo vean. Esto debe ser el fruto de tus lágrimas. ¿Te atreves?

Piensa: *¿Dónde habías estado derramando tus lágrimas? ¿Las estabas utilizando para conocer a Dios? ¿Para conocerle como nunca? ¿Necesitas comenzar a escribir?*

Martita Soto

Pasemos al otro lado

Aquel día, cuando llegó la noche, les dijo:
Pasemos al otro lado.

"Y despidiendo a la multitud, le tomaron como estaba, en la barca; y había también con él otras barcas. Pero se levantó una gran tempestad de viento, y echaba las olas en la barca, de tal manera que ya se anegaba. Y él estaba en la popa, durmiendo sobre un cabezal; y le despertaron, y le dijeron: Maestro, ¿no tienes cuidado que perecemos? Y levantándose, reprendió al viento, y dijo al mar: Calla, enmudece. Y cesó el viento, y se hizo grande bonanza. Y les dijo: ¿Por qué estáis así amedrentados? ¿Cómo no tenéis fe? Entonces temieron con gran temor, y se decían el uno al otro: ¿Quién es éste, que aun el viento y el mar le obedecen?". Marcos 4:35-41

Cuando leo este pasaje bíblico me produce alegría saber que no soy multitud sino discípulo. Este fue otro momento único de Jesús con sus íntimos. Quizás te resulte un tanto ilógico lo que acabo de decir, pero así fue. Es porque solo los íntimos son invitados a pasar al otro lado. Observa que la multitud fue despedida. Una vez más el día había terminado y los que fueron despedidos se llevaron lo que habían venido a buscar. La multitud es solo un grupo de espectadores que simpatizan con lo que están viendo y escuchando pero sin ningún interés de compromiso y mucho menos de servicio. Jesús, en aquel tiempo como ahora, reserva lo mejor para los que anhelan estar en su presencia en todo tiempo. Vamos juntos al momento de la invitación. Invita a sus discípulos a pasar al otro lado y seguido de esto despide a la multitud. Imagínese que estamos en medio de una gran fiesta y que el organizador diga a un pequeño grupo: "Vamos a continuar festejando en otro sitio", y al resto de las personas le diga: "gracias por venir, se terminó la fiesta". Qué falta de cortesía o qué mal lució, quizás algunos de nuestros pensamientos. Pues esto es lo que sucede con aquellos que son multitud, se pierden la mejor parte de esta fiesta de servicio a Dios, porque aun en los momentos más difíciles, como lo ilustra esta historia, no estamos solos, fuimos escogidos por el maestro y Él nos cuidará en todo tiempo.

Luego de un largo día de evangelismo, Jesús le dice a sus discípulos nos vamos, y en la misma barca desde donde se encontraba ministrando después de un día de victoria como el que habían tenido. Fueron cientos de personas las que estuvieron expuestas a la palabra por lo que era el momento justo para retirarse. Pero había que cruzar el mar para llegar al otro lado. Los que compartimos la palabra pueden coincidir conmigo en cuanto al agotamiento físico que experimentamos cuando finalizamos. Eso fue exactamente lo que sintió Jesús, agotamiento. Me imagino que llegando a la barca se fue a la popa, tomó el cabezal, se recostó y se quedó dormido. No podemos olvidar que Jesús vino a la tierra y se hizo hombre y como tal sintió. Era totalmente normal su sueño y su cansancio. Después de navegar por un buen rato, inferimos que fue así porque la palabra dice, "pero se levantó una gran tempestad de viento", o sea que comenzó en un momento determinado, el tiempo parecía normal cuando salieron.

Es lo mismo que acontece en nuestra vida, somos invitados a pasar al otro lado como íntimos de Jesús. Cuando aceptamos la invitación debemos saber que en cualquier momento se puede levantar una gran tempestad en medio de nuestra vida. Llegan cuando menos lo esperamos y muchas de ellas son tan fuertes que parece que nuestra barca no va a soportar el ataque implacable de los vientos. En el momento más intenso de la tormenta asumimos la misma postura de los discípulos del maestro, la desesperación comienza a tener el gobierno de nuestra vida. Si volvemos a la historia vemos cómo inmediatamente los discípulos corrieron a Jesús con una solo pregunta: *"Maestro, ¿no tienes cuidado que perecemos?"* (Verso 38). Esta no fue una pregunta cualquiera, de hecho podríamos considerarla un reclamo a su falta de cuidado para con ellos. Estás durmiendo mientras nosotros estamos a punto de ahogarnos. Pero la realidad es que Jesús estaba enviándoles un mensaje de lo importante de permanecer en paz en medio de cualquier situación por difícil que parezca. Por supuesto que Él nunca dejará de tener cuidado de los suyos. Somos nosotros los que debemos aprender a confiar en Él, no importando lo agresiva que sea la tormenta en nuestra vida. Después de un día donde habían escuchado tan buena palabra para sus vidas se supone que estaban que rebosaban de tanta fe. ¿Qué pasó con todo lo recibido? Es lo mismo que nos pasa a nosotros, leemos la palabra, oramos y ayunamos, pero cuando se levanta la tempestad le reclamamos al maestro, "donde estás que no te veo". Señor no te estoy escuchando, ¿será que te echaste a dormir? ¡Por supuesto que no! Él sigue en control, él te invitó a pasar al otro lado y no te va a dejar, él prometió estar contigo siempre y lo hará.

Somos nosotros los que tenemos que reconocer su presencia en medio de toda situación. Al igual que aquella noche en cualquier momento va a reprender esa situación que tanto te preocupa y hará una gran bonanza. Jesús le preguntó a sus discípulos: *"¿Por qué estáis así amedrentados? ¿Cómo no tenéis fe?"*, (Verso 40). Les confieso que me encantan estas dos preguntas. La primera es como algo así, como un "yo estoy aquí". ¿Qué es lo que les intimida? No hay nada que pueda producir temor a nuestra vida cuando el maestro está en nuestra barca. No te invitó a dar este viaje solo. Tu barca tiene un capitán con toda la experiencia para llevarte a puerto seguro. "Si yo estoy, porqué temer", les quiso decir, "El gran yo soy, el Dios del imposible, el que todo lo puede", solo se ha tomado un descanso para dejar que crezcas, para que este tiempo te sirva para intimar con él, para buscarlo con desesperación. De hecho, eso es lo que pasa cuando la tempestad se levanta, lo buscamos como si en efecto se nos hubiera perdido. Él levantará su voz en el momento justo para decirle a los vientos, "calla, enmudece y estos cesarán".

La segunda pregunta del maestro fue: "¿cómo no tenéis fe?". La invitación de Jesús siempre estará presente en nuestra vida, debemos seguir creyendo. La fuerza de la tempestad no puede determinar el nivel de fe en nuestra vida. Nuestra fe debe estar cimentada en su palabra y en el ilimitado poder del Dios al que le servimos. Cuando Jesús se levantó y reprendió, vio aquel mal tiempo como algo por lo que no tenían que preocuparse. Es así como ve todo mal que nos aqueja, porque nada es imposible para Él. Todo lo que permite en nuestra vida es un medio para él glorificarse y que el mundo le conozca por medio de nuestro testimonio.

Entonces temieron con gran temor. Mientras más grande sea la prueba por la que puedas estar pasando, mayor manifestación de la gloria de Dios habrá en tu vida. En ocasiones llegamos a pensar que lo que estamos pasando se fue del control de Dios o hasta que es demasiado difícil para Él. Debemos esperar con paciencia su intervención, el maestro nunca duerme, solo espera el momento perfecto para manifestarse. Nuestro trabajo es creer que al igual que lo hizo aquel día, lo hará de nuevo en nuestras vidas y las veces que sea necesario.

Piensa: *¿Tú también aceptaste la invitación de pasar al otro lado? ¿Sí? Pues estamos juntos en este viaje. Tranquilo, pasaremos y llegaremos seguros. ¡Solo confía, él lo hará otra vez!*

MINISTERIO DE MISIONES SONRISA DE AMOR, INC.

El Ministerio de Misiones Sonrisa de Amor te da la oportunidad de ayudar de muchas maneras...

Visión

¡Bendecir! en todas las áreas a aquellos que son menos afortunados en y fuera de Puerto Rico; mostrándoles a Cristo, a través del amor y del servicio para que puedan conocerle, crecer y madurar espiritualmente y saber que Dios no se ha olvidado de ellos.

Misión

- Suplir alimentos, ropa, juguetes y artículos de primera necesidad.
- Trabajar en el área de la salud, llevando clínicas de salud, visitando hospitales y supliendo medicamentos.
- Llevar clínicas de higiene.
- Suplir materiales para la construcción de viviendas.
- Capacitar personas para que sean líderes en sus comunidades.
- Discipular a los creyentes del lugar y las iglesias del área que lo soliciten.

¿Qué puedo hacer?

¡Orar! Tus oraciones abrirán las puertas para que podamos llevar alimentos, ropa, medicinas y otros artículos, y para que Dios sane y salve las vidas de aquellos que recibirán nuestra ayuda.

¡Un llamado del corazón de Dios!

Para donativos, comuníquese a:
MINISTERIO DE MISIONES SONRISA DE AMOR, INC.
540-370- 8963
E-mail: *martitasotomsda@yahoo.com*

Martita Soto

MINISTERIO DE MISIONES
SONRISA DE AMOR, INC.

Sandalias de Gloria

La mujer adúltera

"⁵³Cada uno se fue a su casa;

"⁸yJesús se fue al monte de los Olivos".

"²Y por la mañana volvió al templo, y todo el pueblo vino a él; y sentado él, les enseñaba. ³Entonces los escribas y los fariseos le trajeron una mujer sorprendida en adulterio; y poniéndola en medio, ⁴le dijeron: Maestro, esta mujer ha sido sorprendida en el acto mismo de adulterio. ⁵Y en la ley nos mandó Moisés apedrear a tales mujeres. Tú, pues, ¿qué dices? ⁶Más esto decían tentándole, para poder acusarle. Pero Jesús, inclinado hacia el suelo, escribía en tierra con el dedo. ⁷Y como insistieran en preguntarle, se enderezó y les dijo: El que de vosotros esté sin pecado sea el primero en arrojar la piedra contra ella. ⁸E inclinándose de nuevo hacia el suelo, siguió escribiendo en tierra. ⁹Pero ellos, al oír esto, acusados por su conciencia, salían uno a uno, comenzando desde los más viejos hasta los postreros; y quedó solo Jesús, y la mujer que estaba en medio. ¹⁰Enderezándose Jesús, y no viendo a nadie sino a la mujer, le dijo: Mujer, ¿dónde están los que te acusaban? ¿Ninguno te condenó? ¹¹Ella dijo: Ninguno, Señor. Entonces Jesús le dijo: Ni yo te condeno; vete, y no peques más".

Juan 7:53-8:11; <u>Reina-Valera 1960 (RVR1960)</u>

Con el pasar de los años hemos visto que todos andan en

busca de una fórmula perfecta que les permita ver la gloria de Dios en sus vidas. Si estás pensando que esto no es lógico, tienes toda la razón y te confieso que me alegra. Es porque no se trata de una fórmula perfecta sino de la propia vida de Jesús manifestándose en la nuestra. Lo primero que tratamos de hacer es provocar que todos nos sigan. Si todos nos siguen es indicativo de que lo estamos haciendo bien. Ese es el primer error que se está cometiendo en medio del pueblo de Dios, lo que por ende ha provocado que su plan perfecto esté ocupando en estos momentos un segundo lugar o hasta un tercero. Es porque en este tiempo nos hemos olvidado de cómo fue el ministerio de Jesús aquí en la tierra. La palabra que quiero usar en esta ocasión es "controversial". En otro de mis capítulos hablé de "alboroto". Alboroto y controversial en la vida de Jesús iban tomados de la mano. ¿Qué es ser controversial? ¿Cómo lo define el diccionario?

Se denomina controversia a *una polémica pública* en lo que respecta a un *tema específico, generalmente de interés público.* Las controversias suelen tener *un nivel alto de apasionamiento*, incluso cuando los tópicos tratados sean de carácter *abstracto*. Es por ello que en ocasiones las **controversias** pueden llevar a ***sus interlocutores a extremos indeseados***. Este tipo de experiencia puede tener como ámbito de desarrollo los medios de **comunicación**, las universidades, **la política**, y otros. En general ***suelen postular dos o más visiones de un estado de cosas***, como asimismo ***planes de acción*** al respecto; estas visiones y accionares suelen ser excluyentes para que se hable de una **controversia**.

Tal vez este capítulo, hasta aquí, también te suene a ti, mi amado lector, un tanto controversial, pero te invito a continuar leyendo hasta el final. Una vez continúes leyendo te darás cuenta que realmente esta es una de las palabras que mejor describe el ministerio de Jesús. Él no estaba de acuerdo con los intérpretes de la ley. Les llamó personas faltos de sinceridad y de transparencia. Bueno, en realidad les llamó "hipócritas, sepulcros blanqueados". Les dijo: "ustedes les ponen cargas a los hombres que ni ustedes mismos pueden llevar" (*Ref. Mateo 23:4*). Vamos por un momento a la definición de controversial nuevamente. Fíjate en las palabras que describen a este tipo de personas:

#1, está en medio de una polémica pública - Es que no les puedo negar que me encanta cuando confirmamos esa mezcla del mundo natural (donde vivimos nosotros), con lo sobrenatural de Dios y del mundo espiritual. Jesús nunca lo separó, por el contrario, siempre los entrelazó para que pudiéramos entender de lo que trata el evangelio. Todo el que buscaba un encuentro con Jesús sabía dónde encontrarlo. Si no estaba orando, estaba en medio de una polémica pública, que no es otra cosa que una discusión donde se encuentran dos o tres personas que no están de acuerdo acerca de algo. Estaba más que claro que Jesús vino a hacer que la ley se cumpliera (*Ref. Mateo 5:17*). Predicaba un evangelio que libertaba al cautivo por alguna enfermedad física o mental. Con sus palabras buscaba traer sanidad y restauración. En cambio los escribas y fariseos, quienes eran estudiosos y conocedores de la ley, solo buscaban ubicarse en un lugar de conveniencia para ellos. Jesús vino a mostrar su carácter al mundo que estaba perdido en sus delitos y pecados. Él estaba claro en cuanto a lo que había venido a hacer y no se detuvo hasta ver el cumplimiento de su propósito.

Nosotros hemos sido llamados a imitar al único merecedor de ser imitado. Necesitamos ponernos las sandalias de Jesús, si queremos ver gloria. Nunca vamos a estar de acuerdo con el mundo, escuche esta palabra, ¡NUNCA!

Martita Soto

No pertenecemos a este mundo, somos extranjeros y advenedizos (*Ref. 1 de Pedro 3:12*). Debemos dejar de buscar ese término medio que nos contamina y nos aparta de Dios. Si pudiéramos ver una foto real de quienes seguían a Jesús verdaderamente, no vamos a ver una multitud. Le seguían muchos, pero solo unos pocos estaban de acuerdo. Esos eran y fueron sus discípulos. Y hoy día si las iglesias no están llenas, si no son multitudes, sentimos que no hay nadie. Esos que están son los que realmente están convencidos de que esta es la verdad que necesitan para sus vidas y es el evangelio que quieren vivir. Y no hay problema con las megas iglesias. Qué bueno que están llenas, porque la palabra está siendo sembrada. Lo que quiero decir es que eso no es un indicativo de que Dios esté o no en un ministerio.

Cuando hay controversia,

#2, un tema específico de interés público - Es obvio que el que predica un evangelio de verdad, la auténtica palabra del Señor trae un tema específico y de interés público porque es el tema que las personas necesitan escuchar. Esto fue hace más de dos mil años y ahora. El mundo necesita escucharnos hablar de este Jesús con los temas que provoquen cambios y transformaciones en sus vidas, no importa a quién le parezca bien o mal. Nuestra vida debe estar enfocada en el Dios a quien yo le sirvo y que es a Él a quien le tiene que parecer bien lo que estoy haciendo. Ponerse las sandalias de Gloria, que es lo mismo que el calzado de Jesús, significa estar mal vestido para el que no vive como nosotros. Nos exponemos a que cuando te miren digan: "Todo su "outfit" (su vestimenta) está muy bonito, pero qué le paso a la hora de escoger el calzado. No le combina para nada". Es porque Jesús no buscó aprobación, buscó convicción de pecado. Él buscó sanar, restaurar, y levantar al caído. Porque eso era lo que las personas necesitaban escuchar en aquel tiempo como ahora. Siempre habrá controversia en el tema que necesita ser predicado.

Cuando hay controversia,

#3, los tópicos siempre tendrán un nivel de apasionamiento - Se refiere a lo que hablamos, tiene que haber pasión por la palabra que predicamos. Por supuesto no hablo de la intensidad con que se predica en este tiempo. La moda una vez más se ha subido a los altares. Si no se grita, Dios no está o el predicador no tiene unción. El que predica la palabra necesita sentir la aprobación del pueblo para sentirse cómodo en el púlpito. Durante mis años de servicio al Señor me he dedicado más que cualquier otra parte de la palabra a estudiar la vida de Jesús y su carácter. No he encontrado ni un solo pasaje donde Jesús estuviera gritando para que sus palabras tuvieran mejor efecto. De hecho, mientras más pacífico mayor gloria. Vamos un momento al pasaje con el que comienza este capítulo como ejemplo a esto último. Este considero que es uno donde mejor se ilustra.

Jesús llega al templo y le traen a esta mujer sorprendida en el mismo acto del adulterio. No era una sospecha, era una adúltera. Este momento es para mí uno donde Jesús tuvo un reto muy grande. ¿Qué iba a contestar? Si hablaba de amor estaba violando la ley, lo que implicaba una falta grave y, si aprobaba la ley, ¿dónde estaba el amor que predicaba? Ellos lo confrontaron diciendo: "Sabemos lo que dice la ley, ¿pero tú, qué dices? Jesús vivió apasionado por todo lo que predicaba, pero en ese momento debía estar sereno y calmado, y su conexión con el Padre era muy importante, la que nunca le faltó. Nosotros debemos tomar control de nuestras emociones para poder ser efectivos en nuestro trabajo para el Señor. Él nos hizo seres emocionales, pero

Martita Soto

no para que estas nos dirijan, sino porque son necesarias para complementarnos. Jesús se inclinó al suelo y escribió con su dedo en tierra. Se dice mucho acerca de lo que pudo haber escrito; siendo honesta eso no me preocupa. Lo que sí pienso es que fue un momento de conexión con el Padre. Esos minutos o segundos representaron la diferencia entre la vida y la muerte de aquella mujer, sin esperanza de continuar con vida. Calma, serenidad y pasión caracterizaron aquel momento. Esta estrategia le dio la victoria frente a aquellos religiosos que solo querían probar que ellos ganarían la controversia en aquel momento. Ciertamente fue un tema o un tópico que es uno de mucho apasionamiento. Te lo puedes imaginar, "el que esté libre de pecado que tire la primera piedra", y se inclinó nuevamente y siguió escribiendo. Le llamo un llamado a la conciencia. La palabra cumplió su efecto. Ellos fueron confrontados con su pecado, la mujer igual y fue perdonada. Todos cargaron con su parte, la que necesitaba cada cual. Ese debe ser nuestro modelo a seguir, el que dejó Jesús. Debemos volver a la palabra.

Cuando hay controversia,

#4, pueden llevar a sus interlocutores a extremos indeseados - Cuando entendemos lo intenso de nuestro llamado debemos entender que en la mayoría de las ocasiones seremos en extremo indeseados. No debemos permitir que esto provoque en nosotros tristeza o frustración como si no estuviéramos entendiendo el porqué. Jesús no fue amado, y mucho menos aceptado. Fue indeseado. Si Jesús hubiese puesto su concentración en eso, ¿piensas que hubiera podido llegar hasta el final? Te lo puedes imaginar en un dialogo con el Padre, "No Padre, llévame al cielo nuevamente, allí todo el mundo me quería, mientras que acá todos me rechazan". Por supuesto que es algo hipotético, pero en efecto eso fue lo que vivió pero no se desenfocó.

A nosotros alguien nos menosprecia y nos ponemos todos tristes, y nos detenemos a pensar, pero si yo no le hice nada. ¡Claro que le hiciste! Vives y predicas el mensaje del evangelio que trae libertad a todo el que se cruce en tu camino. Sea que prediques con palabra, con sonrisa, con abrazos, somos agentes de cambios y el enemigo siempre te querrá lejos y detenido. Esto es tan cierto que Jesús mismo dijo en su palabra, donde no los quieran sacúdanse el polvo de sus pies y sigan caminando (*Ref. Mateo 10:14*). Lo que quiso decir fue eso, no te puedes detener, de hecho, conmigo hicieron lo mismo.

Por último, cuando hay controversia,

#5, suelen postular dos o más visiones de un estado de cosas, y hay que tomar acción - En este último punto pienso que era donde realmente se desencadenaba la controversia. Dos o más con una visión diferente y lo más importante, había que tomar acción. Fue a eso precisamente a lo que vino Jesús, a traer orden, a restaurar la relación del hombre con Dios. Nunca iba a ser posible si no conocían el amor del Padre por la humanidad. Jesús disfrutaba cada intervención que hacía y cada enmienda que hacía a la ley. Esa tan famosa frase de la escritura: "Oísteis que fue dicho, mas yo os digo". Hacía que se desencadenara una gran audiencia en discusión, donde su plan de tomar acción siempre ganaba. El solo pensar es estos momentos me hace sentir una profunda emoción, me siento privilegiada de ser parte del grupo de seguidores del maestro por excelencia.

Nuestro Dios nos está haciendo un llamado a ver su gloria como nunca antes, pero para eso debemos cambiar nuestro calzado. No importa cómo lo vean los demás. Vamos a tener que caminar en sentido contrario, aunque muchos piensen que vamos en contra del tránsito. Cuando nuestra vida es una fiel y comprometida con el Señor de Señores,

Él te dará la convicción todos los días de que estás en su perfecta voluntad.

Sus discípulos aprendieron a predicar las buenas nuevas de salvación entendiendo que tendrían que ser fuertes ante los retos que les presentaría este camino. Y lo hicieron hasta el final de sus días. Usted y yo debemos hacer lo mismo.

Piensa: *¿Cómo habías caminado hasta el día de hoy como para agradar al hombre? ¿Tu calzado es el mismo que usó Jesús? o, ¿es el que usa todo el mundo? Hoy es día de ponerse sus sandalias, ¡solo así verás su gloria!*

La vara de Moisés, ¿y la tuya qué?

"Entonces Dios le preguntó:
-¿Qué tienes en tu mano?
-Una vara -contestó Moisés.
-Tírala al suelo -ordenó Dios.

Moisés tiró la vara al suelo, y esta se convirtió en una serpiente. Moisés trató de apartarse de ella, pero Dios le dijo:

-Ahora extiende la mano y agarra la serpiente por la cola.

Moisés extendió la mano para agarrarla y, en cuanto la tocó, la serpiente se convirtió otra vez en una vara. Entonces Dios le dijo:

-Haz esto mismo delante de los jefes de Israel. Cuando ellos vean que la vara se convierte en serpiente, creerán que me has visto a mí, que soy el Dios de sus antepasados".
Éxodo 4:1-5

Por muchos días el Espíritu Santo ha estado hablando a mi vida acerca de la vara que fue entregada a Moisés justo cuando fue llamado por Dios. Siempre que comparto la palabra hablo de la importancia de orar para que se nos sea revelado el conocimiento de Dios por medio de ella. Si no hay revelación, la palabra no tendrá el efecto que necesita tener en nuestra vida. Moisés estaba siendo comisionado por Dios. Pero para poder cumplir con el llamado que Él le estaba haciendo, primero debía de ser sanado, restaurado y entrar en proceso de capacitación personal con Dios.

Cuando analizamos la vida de Moisés desde su nacimiento nos damos cuenta de cuán importante somos para Dios. Me refiero que antes de cualquier llamado a Él le interesa que estemos bien. Moisés se enfrentó desde antes de su nacimiento a la oposición del faraón. Si leemos en el libro de Éxodo, **Capítulo 1 verso 15-17**, vemos que el faraón dio instrucciones específicas a las parteras.

"Después, el faraón, rey de Egipto, dio la siguiente orden a las parteras hebreas Sifra y Puá: «Cuando ayuden a las mujeres hebreas en el parto, presten mucha atención durante el alumbramiento. Si el bebé es niño, mátenlo; pero si es niña, déjenla vivir. Sin embargo, como las parteras temían a Dios, se negaron a obedecer las órdenes del rey, y también dejaron vivir a los varoncitos". Éxodo 1:15-17

Las parteras desobedecieron la orden, entonces la orden del faraón fue todavía más enérgica, dijo: *"Entonces Faraón mandó a todo su pueblo, diciendo: Echad al río a todo hijo que nazca, y a toda hija preservad la vida".* Éxodo 1:22

En ese tiempo concibió la madre de Moisés y esta tuvo que ocultar a su hijo y pasado los tres meses, no pudiendo ocultarlo por más tiempo, tomó la difícil decisión de colocar el niño en una canasta y lo puso a la orilla del río, siendo rescatado por la hija del faraón. Fue así que volvió a los brazos de su madre y fue criado como un príncipe.

"¹Un varón de la familia de Leví fue y tomó por mujer a una hija de Leví, ²la que concibió, y dio a luz un hijo; y viéndole que era hermoso, le tuvo escondido tres meses. ³Pero no pudiendo ocultarle más tiempo, tomó una arquilla de juncos y la calafateó con asfalto y brea, y colocó en ella al niño y lo puso en un carrizal a la orilla

del río. ⁴Y una hermana suya se puso a lo lejos, para ver lo que le acontecería. ⁵Y la hija de Faraón descendió a lavarse al río, y paseándose sus doncellas por la ribera del río, vio ella la arquilla en el carrizal, y envió una criada suya a que la tomase. ⁶Y cuando la abrió, vio al niño; y he aquí que el niño lloraba. Y teniendo compasión de él, dijo: De los niños de los hebreos es este. ⁷Entonces su hermana dijo a la hija de Faraón: ¿Iré a llamarte una nodriza de las hebreas, para que te críe este niño? ⁸Y la hija de Faraón respondió: Ve. Entonces fue la doncella, y llamó a la madre del niño, ⁹a la cual dijo la hija de Faraón: Lleva a este niño y críamelo, y yo te lo pagaré. Y la mujer tomó al niño y lo crió. ¹⁰Y cuando el niño creció, ella lo trajo a la hija de Faraón, la cual lo prohijó, y le puso por nombre Moisés, diciendo: Porque de las aguas lo saqué". Éxodo 2:1-10

Solo un poco de historia acerca de lo que fue el nacimiento y la crianza de Moisés, porque muchas veces tomamos livianamente las excusas que él le dio a Dios cuando fue llamado. Este hombre fue producto de lo que llamamos en este tiempo, un hogar totalmente disfuncional. Tanto así que tenía suficientes razones para sentir inseguridad ante un llamado tan serio como el que Dios le estaba haciendo. Creció siendo alguien que no era. Con unos padres que no eran los de él. Lo echaron en una canasta al río donde pudo haber muerto. Luego mata a un hombre. Es que era todo un paquete de complicaciones emocionalmente hablando. Entonces ahora Dios lo llama a libertar a su pueblo, a volver al lugar de donde salió huyendo.

Estaba más que claro que Moisés necesitaba estar seguro de que no iba a ir solo ante esta gran encomienda. Este capítulo comienza a ponerse interesante. Comienza el proceso de sanidad interior de Moisés. Tenía que estar sano para poder obedecer a Dios. Usted y yo debemos estar sanos de todo lo que pudiéramos haber vivido antes de venir a Cristo. Nosotros también somos el resultado de hogares disfuncionales. Quizás no nos echaron al río, pero es muy probable que crecieras sin tu padre o sin tu madre. Tal vez quien estuvo presente fue la abuela o toda tu niñez la pasaste de un hogar substituto a otro. Luego de pasar por todo esto eres llamado y comisionado por Dios.

Y te estás preguntando como Moisés, "¿quién me va a creer? con esta historia". Eso mismo pensó Moisés y lo expresó. "Y si me pregunta quién me envió, dile que el gran yo soy", se supone que eso debió haber sido suficiente. Pues no, no lo fue para Moisés. Porque el problema era él. Había sido demasiado marcado con todo lo que había vivido y el "gran Yo soy" lo sabía, por eso fue tan paciente.

Le dijo (me encanta esta señal y de ella es que vamos a hablar) **Éxodo 4:1-4:**

"¹Entonces Moisés respondió diciendo: He aquí que ellos no me creerán, ni oirán mi voz; porque dirán: No te ha aparecido Jehová. ²Y Jehová dijo: ¿Qué es eso que tienes en tu mano? Y él respondió: Una vara. ³Él le dijo: Échala en tierra. Y él la echó en tierra, y se hizo una culebra; y Moisés huía de ella. ⁴Entonces dijo Jehová a Moisés: Extiende tu mano, y tómala por la cola. Y él extendió su mano, y la tomó, y se volvió vara en su mano".

Moisés tenía algo en su mano que conocía y sabía usar. Una vara. Cuando Dios nos llama siempre nos va a enseñar a usar correctamente aquellas cosas que ya conocemos, pero que estamos acostumbrados a usarlas de otra forma. La vara era algo muy conocido para él. Cuando Dios lo llama se encontraba apacentando las ovejas de su suegro Jetro. Ese era el único uso que para él tenía la vara. ¿Qué tienes en tu mano? Él le respondió, una vara. Y eso era realmente. ¿Pero, qué significado iba a tener para Moisés desde aquel momento en adelante? Creo que tu primera respuesta va a ser la misma que la de Moisés inicialmente, una señal. Y sí que lo era, pero no una sola señal, no que Dios estaba con él y ya. La vara, para un hombre que había sido tan marcado por las circunstancias, pasó a ser la señal de muchas cosas, como de hoy y en adelante lo va a ser para nosotros. De hecho las vamos a enumerar.

#1- Por supuesto la acabamos de mencionar, era una señal de que Dios estaba con él, para el faraón. Que de ahí en adelante esa vara le iba a recordar a Moisés que había sido un hombre llamado por Dios no importando sus limitaciones. Fíjate que ante la pregunta del Señor de qué tienes en tu mano, Moisés contestó, una vara; quizás, pensó, solo quizás, qué pregunta, y muy probable hasta viró sus ojitos hacia arriba como también hacemos nosotros cuando algo parece lógico. Eso es lo que pasa cuando solo vemos algo a simple vista. Pero Dios quería que él viera más allá de eso. ¡Échala en tierra! Y se convirtió en serpiente y Moisés huía de ella. Aquí nos detendremos.

#2 - La vara representa el llamado que Dios le estaba haciendo. Cuando Dios nos llama lo que tengas en tu mano se va a convertir en una herramienta útil, que fuera del uso que tú le des en Dios, solo puede ser eso una vara, pero el Señor le quería enseñar a Moisés y a nosotros que todo lo que nosotros tenemos es útil en las manos del Señor. También que el llamado que él nos hace es uno poderoso y de autoridad, pero solo lo es por medio de Él.

#3 - La vara representa dependencia. No era, ni nunca será, la vara lo que tenía autoridad sino Dios. El Señor trabajó con las debilidades de Moisés y lo hace con las nuestras. Él quería que Moisés no tuviera duda alguna de que él lo respaldaría en todo momento. Cada vez que Moisés viera

Martita Soto

la vara que llevaba en su mano se iba a recordar de esa experiencia que Dios le había entregado para testimonio.

#4 - La vara representa respeto a lo qué, y a quién te enfrentas. Fíjate que cuando la vara se convierte en serpiente Moisés huyó. Claro, se impresionó, no se lo esperaba. Pero también representa el respeto que nosotros debemos tener a no pensar que somos invencibles. Dios no le dijo "coge la serpiente por la cabeza o por donde quieras, no te va a hacer nada", ¡no! Le dijo, "por la cola". Muchas veces los hombres y mujeres de Dios pueden cometer el error de retar el poder de las tinieblas y la palabra, lo que nos enseña es a *"someternos a Dios, resistid al diablo y huirá de vosotros"*; **Santiago 4:7**. Debemos recordar que nuestra victoria en Dios solo está garantizada en una vida de sometimiento a Él. Dios estaba capacitando a Moisés. No le prometió un camino sin luchas, y mucho menos le dijo que sería un camino de flores sin espinas. Pero algo sí hizo, lo capacitó, lo sanó, le entregó herramientas que lo hicieran sentirse seguro de que no estaba solo. Igual hace con nosotros, trabaja con nuestras debilidades, sana las heridas que dejaron en nuestra vida una niñez disfuncional y las que pudieron haber dejado nuestros propios errores.

#5 - La vara representa nuestras debilidades. Cuando vamos a la palabra encontramos hombres y mujeres que fallaron en un sin número de ocasiones y no por eso fueron descalificadas. Y cuando digo que fallaron me refiero a que sus debilidades le hicieron querer huir del llamado. El Apóstol Pablo, en una ocasión, pidió al Señor que le quitara algo que para él representaba ser débil, y la respuesta de Dios fue que se bastase en su gracia; (*Ref. 2 Corintios 12:9*). El poder de Dios se perfecciona en nuestras debilidades. Imaginas a Moisés caminando con su vara y saber que esa simple vara en algún momento la iba a utilizar para por medio de ella mostrar la gloria de Dios que le acompañaba en todo momento. **Así mismo lo que pensamos es una debilidad o impedimento en nuestra vida es usado para cumplir con nuestro llamado y Dios lo usa para su gloria.**

Cuando Dios nos hace un llamado, nos llama tal y como estamos. Pero es importante que entendamos que lo primero que va a hacer es trabajar con todas esas áreas de nuestra vida que necesitan ser restauradas. Él trabaja con aquellas cosas que pueden resultar un estorbo y que nos impidan cumplir con su propósito. Él siempre restaurará nuestra confianza en Él que es una de las áreas que se afecta en nosotros como resultado de las cosas que nos pasan y que no tenemos una explicación del porqué pasaron.

Piensa: *Tal vez te has pasado toda tu vida acariciando y alimentando tu pasado, viéndolo solo como un estorbo para poder ser útil en el trabajo del reino. Dios te dice hoy: "por incapaz que te sientas, sigue caminando, tú también tienes tu propia vara". ¡Mírala y úsala para gloria y honra del Señor Jesús!*

Martita Soto

Cada vez que me acerco

*"Por Jehová son ordenados los pasos del hombre.
Y aprueba su camino".*
Salmo 37:23

Un llamada telefónica hecha con un propósito, a mi entender, pero para Dios era otro. Fue en la mañana cuando hice la llamada a una de las damas de la reunión "Chicas y Chocolates". Ella trabajaba en una farmacia donde yo acostumbraba comprar un medicamento que necesitaba y no me acordaba del nombre. Así que decidí llamarla y, para mi sorpresa, ella estaba pasando por una pérdida, y precisamente de su trabajo. Fue entonces que mi llamada cambió de propósito. Hablamos de su proceso y en medio de la conversación, entre lágrimas me dijo: "Cada vez que me acerco y me someto más a Dios me va peor". En ese preciso momento el Espíritu Santo comenzó a hablarme con una pregunta, ¿qué pasa cuando vivimos una vida sometida a Dios? Y, ¿qué pasa cuando decidimos seguirle? Esto fue lo que el Señor ministraba a mi corazón. Cuando se refiere al mundo natural somos constantes en buscar rutas alternas y hasta lo que se conoce como "atajos"; caminos más cortos para llegar a nuestros destinos. Esto nos agrada, es lo que nosotros llamamos "no perder tiempo". Sería ilógico tomar un camino más largo cuando podemos llegar más rápido y ahorrar tiempo. Pero cuando se trata de nuestra nueva vida en Dios, no es así. Podía ver en mi Espíritu, de forma literal, pasarle al Señor la llave de nuestra vida representada por ese vehículo en el que nos movemos a diario. Él no tomará "rutas alternas", él te llevará por el camino que debes ir; te hará pasar por camino pedregoso, por lluvia, por curvas, subirás y bajarás cuestas, y también por la autopista. Sucede que para nuestro Dios es necesario que conozcas todos los altibajos que tienes que pasar para que puedas ver el cumplimiento de sus planes en tu vida.

Todas las cosas que vivimos en nuestra vida tienen propósito, aun lo más sencillo. Yo lo acabo de ver en esta mañana por medio de una llamada telefónica. Fue útil para volver a escuchar la voz de Dios. Cuando venimos al Señor o nos acercamos a él es una autorización de que nos lleva por el camino que debemos andar. Es por eso que muchos citan la tan conocida frase, "cada vez que me acerco a Él...". Es por eso que todo cambia. Se transforma la atmósfera, por lo general, de "una de supuesto gozo, en una de tristeza y hasta de lágrimas". Es aquí que comienza una re-dirección de tu vida. Es algo así como que el "GPS" del cielo. Cuando colocamos la dirección en el GPS y tomamos otra ruta, él te redirige. Vas a llegar igual a tu destino, pero ocurre una redirección. Es exactamente lo mismo cuando venimos al Señor, se redirige nuestra vida, vamos a llegar a nuestro destino, pero por la ruta trazada por el Señor.

Aunque en el comienzo, y durante muchas otras ocasiones en el camino llores, no debes quitarle el permiso a Dios de que te guie. Muchos, cuando comienzan a tener la experiencia de no ser el chofer, y pasan a ser el pasajero, toman la terrible decisión de dejar a Dios y seguir su camino por la vida tomando rutas alternas. Más tarde nos volvemos a encontrar, y se perciben viviendo momentos terribles sin Dios, porque sin él no es posible lograrlo.

Tenemos un enemigo, siempre tratará de hacernos creer que podemos continuar solos. Trabajará de forma incansable para hacernos creer que no necesitamos a Dios y es precisamente esta una de las estrategias que ha usado por años. Es de donde nace la tan conocida frase que lleva por nombre este capítulo. Te hace una invitación indirecta a dejar a Dios y, lo más triste es que en muchas ocasiones logra su objetivo. En muchas ocasiones he conversado con personas alejadas del evangelio por años y cuando le preguntas o hablas de qué les pasó que ya no le sirven al Señor su respuesta es la misma, te dicen: "Es que me iba peor cuando estaba que cuando no". Una absurda respuesta. Somos incapaces de vivir una vida abundante en todas las áreas sin Dios. Es imposible sentirnos seguros sin Él. Es un viaje con demasiados riesgos. Los atajos o rutas cortas siempre tienen sus "peros". No sé si has tenido la experiencia de que alguien te diga: "puedes llegar más cerca si vas por acá, pero hay muchas curvas" o, "puedes ir por acá pero hay demasiados riscos, o cuestas". Siempre existen riesgos en los atajos o caminos cortos. De hecho, existen peligros que ponen en riesgo tu vida por querer llegar más rápido. Son muchos los que deciden tomarlos en el mundo natural y en el mundo espiritual. Los "pero" son advertencia que siempre deben ser considerados o tomarlos en cuenta. Nuestra vida solo estará segura en Dios. No importa lo inseguro del camino, si es el Señor quien me permite pasar por él yo siempre estaré bien. Pero si él no está contigo, ni es él quien tiene el gobierno de tu vida, irás bajo tus propios riesgos y en cualquier momento te puede sorprender algo que podría dejarte consecuencias, algunas de ellas de forma permanente.

No permitas que el enemigo te engañe. La palabra dice: ***"Yo soy la vid, vosotros los pámpanos, el que permanece en mí y yo en él, este lleva mucho fruto; porque separados de mí nada podéis hacer".*** **Juan 15:5**

No importa lo que vean tus ojos, ni en qué parte del camino

te encuentres y lo difícil que parezca, si el Señor te está llevando no hay porqué temer. No es momento de decir: "Cada vez que me acerco" o, "es mejor no servirle, me iría mejor solo". Todo tiene un propósito, aun las perdidas como fue el caso de la protagonista de la historia. Es parte de la ruta trazada por Dios para tu vida, sigue caminando sin rendirte. Tu vida fue redirigida para llevarte a tu destino final. Algo es seguro, ¡vas a llegar!

Piensa: *¿Te has identificado con el tema? ¿Lo has dicho en algún momento de tu vida? Olvídalo, no es una alternativa recorrer el camino sin tu Señor. Si lo estabas considerando, hoy es el día de retomar el camino.*

Cuando Dios dice no, ¡no insistas!

"Reconócelo en todos tus caminos
y Él enderezará tus veredas".
Proverbios 3:6

Cada uno de los capítulos de este libro han sido experiencias vividas. Esta no es la excepción. He aprendido a conocer a Dios por medio de cada una de ellas. Quizás con algunas te vas a identificar y al igual que yo terminarás aprendiendo una buena lección. Y es que muchas veces le pedimos cosas a Dios y no importa el tiempo que oremos Él nos dice, "no". Pero en ocasiones por nuestra insistencia nos permite entrar por esa puerta, que por razones siempre válidas para Él, no se había abierto antes. Algunas de esas razones: porque no es totalmente bueno para mí, porque no estoy lista para estar en ese lugar ya sea espiritual o emocionalmente. Mi experiencia ha sido que no es que sea totalmente malo, es que no es imprescindible que pase por ahí. Entonces el Señor nos dice: "de acuerdo, quieres ver con tus propios ojos que no es lo que parece, que no va a ser de bendición eso que me estás pidiendo". Es entonces que se abre la puerta y no ha pasado mucho tiempo cuando ya estás arrepentido de no haber aceptado la perfecta voluntad de Dios. Nuestro Dios tiene planes excelentes para nosotros, no regulares ni casi perfectos; son perfectos y completos. Pero nuestra humanidad y lo finita de nuestra mente solo nos permite ver lo que tenemos delante, pero Él conoce lo porvenir, él sabía lo que me iba a acontecer hace unos minutos atrás y sabe lo que me va a acontecer dentro de la próxima media hora, pero siempre vela por mí. Nosotros solo vemos lo que tenemos delante, y en ocasiones queremos ser mejores que Dios.

Somos demasiado impacientes, es lo mismo que no saber esperar. En esa aparente quietud para ti, porque para Dios no (él siempre está trabajando), algo se está llevando a cabo aunque no lo veas. La impaciencia puede provocar complicaciones o atrasos en el cumplimiento del propósito de Dios en tu vida. Siempre recuerdo varias expresiones de mi amada madre. Una que nos repetía mucho y ella la ponía en práctica cuando le pediamos permiso para ir a algún lugar o para hacer algo. Si su respuesta era "no", y nosotros le insistiamos nos decía: "después de un "No" nunca digan sí". Quería enseñarnos que como nuestra autoridad inmediata aquí en la tierra, ella tenía suficientes razones para decirnos "no".

Nuestro Dios siempre tiene suficientes razones para decirnos no, aunque a nosotros nos parezca que puede ser un "sí". Él es nuestra autoridad suprema. Cuando ante nuestra insistencia nos permite algo es para que aprendamos a conocerle aún más. Sobre todo porque una vez venimos a Él y le reconocemos como nuestro dueño y Señor, Él nos cuida y sabe qué es lo mejor para nosotros. Su tiempo es perfecto. Por nada del mundo debemos perder ese privilegio tan grande de ser cuidados por Él. Hay cosas que nos permite y que al hacerlo no nos quita su cerco, y mucho menos su protección, pero lo mejor hubiera sido no haberlas vivido. Nuestra vida al servicio del Señor es una de constante aprendizaje, le llamo estar en una escuela donde vamos aprobando materias y hasta podemos graduarnos de algunos grados, pero nunca dejamos de aprender. Esta debe ser nuestra actitud siempre.

La palabra misma nos ilustra historias de hombres y mujeres que fueron impacientes ante el cumplimiento de la promesa de Dios. A algunos de ellos les costó mucho su impaciencia como fue el caso del rey Saúl, (*Ref. 1 Samuel 15:1-35*). Había un orden para hacer las cosas, él no quiso esperar y esto le costó su reinado.

⁸"Y él esperó siete días, conforme al plazo que Samuel había dicho; pero Samuel no venía a Gilgal, y el pueblo se le desertaba. ⁹Entonces dijo Saúl: Traedme holocausto y ofrendas de paz. Y ofreció el holocausto. ¹⁰Y cuando él acababa de ofrecer el holocausto, he aquí Samuel que venía; y Saúl salió a recibirle, para saludarle. ¹¹Entonces Samuel dijo: ¿Qué has hecho? Y Saúl respondió: Porque vi que el pueblo se me desertaba, y que tú no venías dentro del plazo señalado, y que los filisteos estaban reunidos en Micmas, ¹²me dije: Ahora descenderán los filisteos contra mí a Gilgal, y yo no he implorado el favor de Jehová. Me esforcé, pues, y ofrecí holocausto. ¹³Entonces Samuel dijo a Saúl: Locamente has hecho; no guardaste el mandamiento de Jehová tu Dios que él te había ordenado; pues ahora Jehová hubiera confirmado tu reino sobre Israel para siempre. ¹⁴Mas ahora tu reino no será duradero. Jehová se ha buscado un varón conforme a su corazón, al cual Jehová ha designado para que sea príncipe sobre su pueblo, por cuanto tú no has guardado lo que Jehová te mandó".

Reina-Valera 1960 (RVR1960)

La impaciencia puede ser fatal en nuestra vida o como resultado tener que atravesar un largo desierto para ver el cumplimiento de Dios en nuestra vida.

El rey Saul se vio privado de ver la confirmación de su reinado. Por otro lado vemos a Sara que aunque vio el cumplimiento de la promesa de Dios en su vida, tuvo que ver concebir primero a la esclava antes que ella, por causa de su impaciencia y su insistencia ante algo, que habiéndolo dicho Dios que se iba a cumplir (*Ref. Génesis 16:1-5*).

Saraí, mujer de Abram no le daba hijos; y ella tenía una sierva egipcia, que se llamaba Agar.

"²Dijo entonces Saraí a Abram: Ya ves que Jehová me ha hecho estéril; te ruego, pues, que te llegues a mi sierva; quizá tendré hijos de ella. Y atendió Abram al ruego de Saraí. ³Y Saraí mujer de Abram tomó a Agar su sierva egipcia, al cabo de diez años que había habitado Abram en la tierra de Canaán, y la dio por mujer a Abram su marido. ⁴Y él se llegó a Agar, la cual concibió; y cuando vio que había concebido, miraba con desprecio a su señora. ⁵Entonces Saraí dijo a Abram: Mi afrenta sea sobre ti; yo te di mi sierva por mujer, y viéndose encinta, me mira con desprecio; juzgue Jehová entre tú y yo".

Reina-Valera 1960 (RVR1960)

Por eso es importante ser obedientes al "No" de Dios, esperando con paciencia su tiempo y confiando en que Él nos va a abrir las puertas que él entienda que debe abrir y, va a cerrar las que no nos conviene. No siempre será como queremos, pero de cierto, será lo mejor. Debemos de respetar la resistencia, en ocasiones, de las personas. Cuando llegamos a un lugar y no recibimos la aceptación que esperamos. ¿Te ha pasado que has llegado a algún lugar y no te reciben bien, una oficina o alguna agencia donde vas a resolver alguna gestión que te va a tomar poco tiempo y tal parece que allí se encuentran tus peores enemigos? o, ¿vas a otro donde ahí sí esperabas estar por mucho tiempo y son los mismos que están en ese lugar que se supone te reciban bien y no lo hacen? Bueno, esta es la explicación, existen lugares donde Dios no nos quiere ni a corto ni a largo plazo. Es él quien permite la resistencia,

Martita Soto

si él dice ¡no!, NO insistas, sigue caminando, ¡él tiene un lugar mejor para ti!

Así es que opera nuestro Dios. En todo tiempo escogerá los lugares donde debemos estar, nos cela con su celo santo. Nos cuida como a la niña de sus ojos. Nadie escogerá para ti lo mejor en todas las áreas de tu vida como él lo hará. Debemos de liberar totalmente nuestra voluntad a Él.

Piensa: *¿Cuántas veces le has insistido a Dios por algo que ya te ha dicho que no? ¿En más de una ocasión? Eso pensé. Pero tranquilo, ¡yo también lo he hecho! Sabes, te compartiré un secreto, he aprendido la lección, por eso hoy lo comparto contigo. Ya no le insisto cuando me dice que no. No me he graduado en esta materia, pero estoy en proceso. ¡Anímate, sigamos creciendo!*

La seguridad del gigante, úsala a tu favor

"Salió entonces del campamento de los filisteos un paladín, el cual se llamaba Goliat, de Gat, y tenía de altura seis codos y un palmo. Y traía un casco de bronce en su cabeza, y llevaba una cota de malla; y era el peso de la cota cinco mil siclos de bronce. Sobre sus piernas traía grebas de bronce, y jabalina de bronce entre sus hombros. El asta de su lanza era como un rodillo de telar, y tenía de hierro su lanza seiscientos siclos de hierro; e iba su escudero delante de él". 1 Samuel 17:4-7

Cuando hablamos de este tema casi de forma inmediata viene a nuestra mente "David y Goliat". Por esta historia cuando pensamos en gigante, casi colocamos a Goliat de Gat, en el papel protagónico. Y por primera vez estoy de acuerdo en que debemos utilizar lo que describe y coloca a este gigante como una amenaza en nuestra vida a nuestro favor. Cuando comencé a leer el Capítulo 17 de 1 Samuel, el Espíritu Santo me llevó a poner especial atención a la descripción del gigante Goliat. Tenía a ambos pueblos en expectativa, con su actitud de arrogancia logró capturar la atención de todos. La palabra dice: *"y los filisteos estaban sobre un monte, a un lado, e Israel estaba sobre otro monte al otro lado, y el valle entre ellos"*, (Verso 3). Ambos a una altura donde podían observar todos los movimientos del paladín. Y con un valle entre ellos que representaba la división de que eran enemigos.

Entonces si volvemos a los versos del 4-7 encontramos

la descripción de la armadura que cubría el cuerpo del gigante.

"⁴Salió entonces del campamento de los filisteos un paladín, el cual se llamaba Goliat, de Gat, y tenía de altura seis codos y un palmo. ⁵Y traía un casco de bronce en su cabeza, y llevaba una cota de malla; y era el peso de la cota cinco mil siclos de bronce. ⁶Sobre sus piernas traía grebas de bronce, y jabalina de bronce entre sus hombros. ⁷El asta de su lanza era como un rodillo de telar, y tenía el hierro de su lanza seiscientos siclos de hierro; e iba su escudero delante de él".

Aquí encontramos la descripción de la armadura que cubría el cuerpo del gigante. Tan compleja que nos tomaría demasiado tiempo analizarla. Pero lo más importante es destacar cómo a pesar de lo grande de su estatura, no se sentía lo suficientemente seguro como para salir a pelear sin cubrirse cada parte de su cuerpo. Podríamos decir que estaba demasiado preparado para enfrentarse al que decidiera aceptar la invitación de pelear con él. Había algo que le permitía al gigante colocarse en una zona de comodidad frente a su adversario y su nombre era **seguridad**. La seguridad es una palabra que puede describir a nuestro gigante y que puede hacer que nos gane la batalla si no la usamos a nuestro favor. Él estaba seguro que por su tamaño y por su armadura era invencible. Pero hay una pregunta obligatoria: ¿Quién o quiénes le hicieron sentir seguro? Todo el que estaba a su alrededor. Porque repetían de forma constante lo mismo que él decía, es invencible. Es lo que nos pasa a nosotros cuando nuestro gigante, como quiera que se llame, nos hace creer que es invencible y yo lo repito juntamente con él. Yo le doy seguridad a mi problema, enfermedad, como quiera que se llame mi situación. Yo soy quien le otorgo ínfulas de grandeza y quien le hice creer que ganaría porque sencillamente puse mi mirada en él y no en Dios.

¿Cómo usar esto a nuestro favor?

Cuando nuestro adversario y nuestro enemigo logran ver en nosotros un estado en el que su seguridad logra intimidarnos entonces habremos perdido la batalla. Por el contrario, si demostramos con nuestra vida que le hemos creído al Dios que le servimos, lo desarmaremos. En algún momento tienes que haber visto alguna película donde la victoria del protagonista está basada en la seguridad de su enemigo. Por mencionar una muy famosa, la de "Rocky Balboa", el boxeador, una película que dio mucho de qué hablar por su trama. Desde la primera hasta la última era el mismo final, el enemigo ganaba seguridad con la debilidad de Rocky. Pero cuando Rocky lograba identificar sus puntos débiles, solo entonces obtenía la victoria. La pregunta es ¿cómo aplica esto a mi vida? Cuando muestras incredulidad, cuando quitas tu mirada del Señor fortaleces la seguridad de tu enemigo, le estás diciendo, me ganaste, estoy vencido. Cuando dices no puedo más, me rindo, se pondrá de pie delante de ti y te dirá quién está dispuesto a pelear conmigo, porque da por hecho que terminó contigo. Pero cuando decides seguir caminando comenzarás a debilitarlo. Cuando te pares de frente y lo mires y le recuerdes contra quién está peleando y con quién se está metiendo, entonces lo sacarás de su zona de comodidad.

Había algo que él se había propuesto hacer y ya lo había logrado, que todos, el pueblo de Israel y su propio pueblo los filisteos, le tuvieran **miedo**. Tanto así que cuando David decidió enfrentarse al gigante el rey Saúl quiso ponerle su armadura (*Ref. Verso 11, 39*). Esto simbolizaba en aquel momento vestirlo de sus miedos, de sus temores. Tratar de que David estuviera de "igual a igual con él". ¡Esto era imposible! Y David lo sabía, por eso le dijo yo no sé pelear con esto. Yo no voy a pelear con algo que nunca he usado. A mí me protege Jehová de los ejércitos, no estoy seguro en ningún otro lugar, ni de ninguna otra manera que no sea en Él. Si el enemigo logra hacerte sentir miedo y que permanezca en ese estado te ganará y perderás tu batalla. Algo muy importante, y es que también tratará de usar en tu contra la incapacidad. Cuando David escuchó que retaba y se burlaba del pueblo constantemente no se dejó intimidar, por el contrario, David reaccionó menospreciando su tamaño. David preguntó: **¿quién es este filisteo incircunciso, para que provoque a los escuadrones del Dios viviente?**, (*Ref. Verso 26*). Siempre te va a decir "tú no puedes" y tú le vas a contestar "tienes toda la razón".

David le dijo: "Es cierto pero en el nombre de Jehová de los ejércitos sí soy capaz de vencerte y venceré", (*Ref. Verso 45*). Todos nuestros sentidos tienen que estar atentos a las señales del enemigo pero para usarlas a nuestro favor.

David le ganó al gigante Goliat por una razón, se enfocó en utilizar su seguridad a su favor.

Piensa: *¿Cómo te encuentras frente a tu gigante? ¿Con miedo, intimidado por su seguridad, viendo tus posibilidades humanas y poniendo atención a su voz que te dice tú no puedes? Si es así, ¡vuelve al título de este capítulo y comienza a usar su seguridad a tu favor!*

Mejor honrar que ser honrado

"Os digo que todo aquel que me confesare
delante de los hombres, también el hijo del hombre
le confesare delante de los ángeles de Dios".
Lucas 12:8

A solo unos días de la celebración del Día de las Madres, vino a mi mente el recuerdo de mi madre, ya fallecida. Pensé, ya ella no está conmigo, y en el privilegio que tuve por años de poder honrarla. Para mí, ese día significaba el arreglarle su cabello (que era algo sumamente importante para ella); además de mi regalo que era su vestimenta para ese día. Siendo la tercera de cinco hermanos, también en sus últimos años tuve el regalo de Dios, de que lo celebrara conmigo. Todo giraba en torno a "mami", olvidando que yo también era "mamá" y que también estaba de celebración. Nunca había tomado tiempo para pensar en esto que les comparto. Ya han pasado cuatro años de su partida al cielo. Hoy me toca celebrar este día sin ella. Ahora tomo tiempo para pensar lo que significa "honrar y ser honrado". Yo honré a mi madre. ¡Fue una excelente! Aprendí a reconocer sus virtudes y ver sus errores como las herramientas que fueron utilizadas para formar mi carácter y mi ser, quien soy hoy día. Mientras mi madre envejecía, más crecía mi amor por ella y mi admiración, porque yo también estaba madurando y sin darme cuenta caminaba sobre sus huellas. Viviendo y experimentando lo mismo que ella, riendo y llorando por las mismas cosas que ella lo había hecho.

Ahora ya no está. Aun cuando se me hace un nudo en mi

garganta, siento un regocijo muy grande, porque a pesar de no estar, todavía sigo aprendiendo de lo que fue su escuela de vida. Mami también disfrutaba honrarnos a nosotras sus hijas. Para ella el Día de las Madres era un día muy especial. Pero le pasaba lo mismo que a mí, tampoco se centraba en ella, sino que hacía todo lo que estaba a su alcance ese día para agradarnos con nuestros presentes. Una postal que nunca podía faltar aunque no fuera acompañada de un regalo. En ella escribía cuánto nos amaba y lo que le pedía a Dios para nosotros. También lo que pedía a Dios le concediera a ella hacer por nosotros. ¡Wow! Las recuerdo y las conservo y cuando las leo es como un refrigerio a mi alma. Me parece recibir su abrazo con un beso, que como ella decía, "te dejé sorda", y luego se sacaba una carcajada con el fin de celebrar su expresión. En mi postal siempre me recordaba que cuidara mi salud, que tuviera mucha fe, y su despedida de siempre, "te amo, negrita, en el amor del Señor".

"Honrar mejor que ser honrado". Yo honro a mi madre y honrándola siento mi propia honra. Ella me enseñó a ser quien soy. Cometió muchos errores que con el efecto que tuvieron en mi vida, aprendí que por eso se llaman errores. ¿Sabes que hice? No los repetí, los he ido enmendando para que mi generación se extienda sana y libre. Las cosas buenas las he seguido poniendo en práctica.

Las personas se pasan la vida esperando que se les honre por lo que hacen. Y eso es bueno, de hecho es necesario. Pero qué difícil se nos hace abrir nuestros labios para hacerlo con otros. Tú lo necesitas. Todos lo necesitamos. Aprendamos a honrar al que hace algo a nuestro lado. Cuando nos ejercitamos en esto comenzamos a experimentar algo muy especial. Deja un sabor distinto. Porque es dando que recibimos. *"Mucho mejor es dar que recibir y Dios bendice al dador alegre",* (*Ref. Hechos 20:35, 2 Corintios*

9:13). Esto también se refiere a ese sentir de bienestar y paz que se produce en nosotros cuando sabemos que lo que estamos dando bendice al receptor. Entonces cambiemos una vez más nuestra estrategia que nos hace esperar siempre recibir, para luego dar, cuando la realidad es que debe de ser todo lo contrario. Doy y luego recibo.

No sé cuanto has entregado antes de que alguien te haya dado una palmada en la espalda y te haya dicho, "Que bien lo hiciste, eres especial" o, quizás que te hayan reconocido tu trabajo como madre, padre, hija, esposo. Aunque esto nunca haya pasado, espera con paciencia. Tu honra llegará. "Dios te honrará. Él nunca falla". Mientras tanto, honra tú. A todo el que esté a tu lado reconócelo cuando sea necesario. Dile lo que necesita oír, quizás nadie lo ha hecho antes y tú eres el instrumento que Dios va a usar para bendecir y sanar la vida de alguien.

Hoy mi madre no está, a quien dedico este capítulo y todo lo que hago honrando aún su memoria. Pero su vida no fue suficiente para decirle todo lo que se merecía escuchar. Te invito a que aproveches todo el tiempo que puedas, primero para honrar al ser que te dio la oportunidad de vivir este hermoso camino que se llama vida. Y a toda persona que te ha bendecido, que te ha ayudado, que ha caminado la milla extra por ti.

Piensa: *En esa persona que siempre ha estado a tu lado, por tanto tiempo que te has olvidado de honrarla. Te invito a que terminando de leer, vayas, le des un abrazo, un apretón de manos, y dile, ¡Gracias por estar ahí, te honro! Luego dale gracias a Dios por tan grande privilegio.*

Mi yugo es fácil y ligera mi carga

"Venid a mí todos los que estáis trabajados y cargados, y yo os haré descansar. Llevad mi yugo sobre vosotros, y aprended de mí, que soy manso y humilde de corazón; y hallareis descanso para vuestras almas".
Mateo 11:28-30

Una vez más te invito a hacer de la hermosa palabra del Señor una rica ensalada que va a traer alimento a tu espíritu. Le llamo ensalada por la forma en que debemos de revolver todas las palabras que en esta ocasión incluyen estos dos versos bíblicos. Jesús hace un llamado a dos grupos de personas: a los trabajados y a los cargados. Cuando habla de los trabajados, ¿a quién se estaba refiriendo? Posiblemente tu respuesta va ser a los que trabajamos. Pues es correcto, Jesús llamó a todos los que trabajamos y nos llama con una palabra de compromiso. ¿Para qué? Para hacernos descansar. Y es porque todo el que trabaja, muchas veces las horas de trabajo son tantas que por más que descanse no obtiene el verdadero descanso que necesita su cuerpo. Quiero que dejemos este punto con una pregunta sobre el tintero. La pregunta es, ¿por qué? Si volvemos al versículo y al segundo grupo que llamó fue a los cargados. Así, a simple vista, estas dos palabras parecen significar lo mismo, pero no lo son. Ambos grupos reciben la misma invitación a descansar. El que trabaja no recibe descanso porque junto con el trabajo llega la carga que el mismo produce cuando se hace sin esperar y confiar en el Señor. El trabajo que realizamos es el medio que Dios nos entregó para ganarnos el sustento de nuestra familia y Él nos da la salud para poder hacerlo. En cambio, la carga no me la da el Señor, esa la tomo yo, esa me la pongo yo mismo cuando hago del trabajo y de todo lo que Dios coloca en mis manos algo que manejo bajo los estándares del mundo. Me refiero a cuando permito que el afán, el deseo de tener más y la falta de fe toman el control de mi vida. El estar cargado envuelve de forma directa nuestras emociones. Cuando estamos cargados se despierta en nosotros sentimientos de angustia, tristeza, inseguridad, temor y muchos más que contradicen así los que por medio del descanso Dios quiere darnos.

Dentro de la invitación que el Señor nos hace nos dice: *"Llevad mi yugo sobre vosotros"*. **Me parece tan interesante esto que nos ofrece por lo que significa "un yugo".**

¿Qué es un yugo?

El yugo es una herramienta conocida en la agricultura. Consiste en un trozo de madera puesto sobre el cuello de las bestias de carga (generalmente bueyes), el cual sirve para arar los campos, creando surcos profundos para poder sembrar plantas. También sirve para transportar objetos pesados.

Cuando hablamos de personas, nos referimos a que andan juntas, lado a lado, en la misma dirección, arando el mismo surco de la vida, con las mismas metas y los mismos objetivos.

¿Cómo funciona y quiénes lo llevan?

No cualquier animal es usado en el yugo; deben ser animales robustos, con cuello poderoso para poder cargar el peso, pues son cargas muy pesadas. Solo hay un punto de apoyo para la carga, por eso es necesario que el peso sea repartido equilibradamente entre los dos animales. Ellos son atados por el cuello, lo cual no les da libertad de movimiento. Como es trabajo pesado, no es importante la velocidad.

El yugo hace necesario que los animales sean de la misma especie. Ponían un buey maduro con uno joven. El buey maduro tenía experiencia y conocía bien el trabajo; iba derecho por el camino. El buey joven aprendía de el otro, porque sin experiencia se iría para cualquier lado. Cuando el buey sin experiencia quería salirse del camino, no podía porque el buey maduro lo llevaba a rastras; no lo dejaba. Así el joven buey aprendía el paso y se volvía cada vez más maduro mientras AMBOS araban la tierra.

¿Por qué deben ser dos animales de la misma especie? Porque deben tener la misma fuerza para hacer líneas derechas, parejas y profundas; de otra manera, la planta sembrada no crecerá bien. Si ponemos bajo yugo a un buey con un asno, una oveja o un perro, eso no va a funcionar.

Deuteronomio 22:10: *"No ararás con buey y con asno juntamente"*.

Dios estableció normas de protección para los animales, para no hacerlos sufrir innecesariamente:

El buey es más fuerte que el asno, por lo tanto, lleva la mayor carga de trabajo y se cansa más que el asno. El buey es más grueso que el asno; el roce con el yugo será más duro sobre su espalda. Los dos animales tienen diferente ritmo al andar, lo cual les puede causar heridas.

En cuanto a las personas, antiguamente en la época de Jesús, había una costumbre romana de hacer que un reo cargara una viga (yugo) sobre ambos hombros, llamada patíbullum, la cual cargaba hasta el lugar de ejecución.

Solía ser el travesaño que formaba parte de una cruz. Se calcula que una cruz completa pesaba 100 kilos.

Luego de estudiar el significado del yugo vale la pena analizar qué relación guarda esto con nosotros. Jesús nos dice en su palabra, toma "lleva mi yugo", porque si nosotros vivimos bajo el yugo del hombre de lo que el mundo me ofrece y me demanda me voy a convertir en esclavo habiendo conocido la libertad que Él mismo compró en la cruz del calvario para mí. La definición dice que el yugo se utiliza en un par de bueyes para arar y abrir surcos, para preparar terreno, para sembrar y que van en pareja. Jesús nos invita una vez más a no seguir este camino solos. Que aunque estamos hablando de que trabajaremos y la carga va a tratar de ser nuestro compañero de viaje, Él nos invita a caminar con él a nuestro lado y estando con Él, aunque hagamos lo mismo, nuestra experiencia va a ser diferente. También nos dice que cuando se escogen los bueyes debe de haber uno con experiencia con otro más joven, porque el de más experiencia no dejará que el otro se salga del camino y si lo hace, el que es más fuerte lo va arrastrar de vuelta. De su mano nunca nos vamos a extraviar si aceptamos su yugo, porque esto implica seguridad. Cuando el pensamiento de no continuar toque mi puerta, él estará conmigo para ayudarme y traerme de vuelta al camino y decirme no temas, yo te ayudo. No podemos olvidar que Jesús ya caminó por todos los lugares por donde pasaremos nosotros. No hay nada que no conozca nada que no haya vivido. Por eso nos ofrece su yugo porque este es el único que puede hacer nuestra carga ligera.

Nos dice: ***"aprende de mí que soy manso y humilde de corazón".*** La humildad y la mansedumbre van de la mano con la sujeción. Él era el hijo de Dios y tomó forma de siervo, se humilló a sí mismo, dice la palabra, *(Ref.*

Filipenses 2:7). Él vino en obediencia al Padre. Jesús puede hablar de humildad y mansedumbre. El yugo es un tipo de madurez. Solo aquellos que son maduros espiritualmente hablando, son humildes, mansos y personas sujetas. La humildad nada tiene que ver con clases sociales, es y debe ser parte del carácter de un hombre o una mujer de Dios. En estos versos concluyó diciendo: "y hallareis descanso para vuestras almas". Ciertamente es el alma la que recibe toda la carga de nuestros sentimientos. El salmista David le pedía a su alma que alabara a Jehová, porque de su boca no podía salir una alabanza por lo triste que se encontraba (*Ref. Salmo 103*). No puede haber paz en nuestra vida si no tomamos el "yugo" que el Señor nos ofrece, su yugo, su carga; si no aceptamos la invitación de aprender de Él. Solo Él tiene autoridad para decirnos sé manso, sé humilde, porque lo fue en todo tiempo.

Termina diciendo: porque "mi yugo es fácil y ligera mi carga", porque se considera vivir realmente solo cuando entregamos nuestra vida total a Dios; aun en la situación más difícil, lo más fuerte se hace fácil de llevar. Es nuestra confianza en Dios la que nos hace tener paz. Es la seguridad de que con él a nuestro lado la vida no se perderá jamás. Al igual que la vara y el cayado, el yugo nos mantiene vigilados por el buen Pastor. Nuestros movimientos y nuestros pasos siempre estarán siendo monitoreados por Él. Cuando percibe que nos estamos saliendo del área permitida y segura, nos vuelve a traer de vuelta al lugar a donde pertenecemos.

Piensa: *Es posible que antes de leer este capítulo solo habías asociado la palabra yugo con un par de bueyes que sirven para arar la tierra. ¿Pero, qué tal ahora que nuestro amado Jesús nos invita a ser su compañero de siembra? A eso hemos sido llamados. Su presencia en nuestra vida nos ofrece el descanso que nuestra alma necesita. La invitación a estar a su lado ha sido presentada… yo acepté, ¿y tú?*

Hablemos de llaves

"Y a ti te daré las llaves del reino de los cielos; y todo lo
que atares en la tierra será atado en los cielos; y todo lo
que desatares en la tierra será desatado en los cielos".
Mateo 18:19

Hace unas cuantas semanas atrás disfrutaba de una de las cosas que me gusta hacer en mi tiempo libre, ver una buena película. Aunque a medida que el tiempo pasaba la película no parecía contar el mejor libreto, aun así, en un momento determinado sentí la voz de Dios que habló a mi corazón en una de las escenas. ¿Cuántos saben que Él nos habla por medio de todo y en cualquier momento? Les cuento un poco de lo que se trataba. El lugar donde inicia la trama era un "café deli". Llega esta mujer desesperada porque su pareja le había sido infiel. Le pregunta al dueño del lugar si le puede dejar las llaves del apartamento a su pareja, para que se las entregara. Sin resistirse a su solicitud, el dueño tomó el llavero y la mujer abandonó el lugar.

Luego de algunos días volvió al lugar y le preguntó al dueño del establecimiento si quien había sido su pareja había ido a recoger el llavero, a lo que este respondió que no. La mujer le preguntó (viendo la cantidad de llaveros que estaban en un envase de cristal), que por lo general qué tiempo se demoraba una persona en recoger un llavero en su negocio. Él le respondió "días, semanas, meses o a veces nunca". Ella le argumentó, ¿entonces, si nunca vuelven por sus llaves por qué no las desechas? El dueño del establecimiento le contestó que si las desechaba habría puertas que nunca se abrirían. Les dije que Dios habló a mi vida, pues sí, y fue en este momento.

Llaves, puertas, un llavero personal se nos ha sido entregado a cada uno de nosotros, un llavero que abrirá puertas que solo tú con tus llaves podrás abrir. Es porque son tus llaves y tus puertas. Dicho de otra manera, son tus bendiciones. Pero para que las puedas ver tienes que estar dispuesto a recibirlas. El trabajo del reino, así como el ver el cumplimiento de las promesas de Dios en tu vida, requieren de acción. Nadie que no camine creyéndole a Dios podrá ver sueños cumplidos, metas realizadas, llamados y ministerios que se desarrollen dentro de ese plan perfecto de Dios. Le servimos a un Dios que se mueve en lo natural, pero opera en lo sobrenatural, por eso debemos entender que somos una sociedad divina.

Cuando el dueño le dijo a aquella mujer que si desechamos las llaves dejadas, habrán puertas que nunca se abrirán, el Espíritu Santo habló a mi vida. Me dijo: "Es exactamente lo que pasa con aquellos que nunca usan sus llaves, hay puertas que nunca se van a abrir y que estaban listas para ser abiertas por ellos. Esas puertas nadie las podrá abrir jamás, porque tenían unas llaves, un nombre y eso no se transfiere. Podemos hacer la prueba. Toma tu llavero y trata de abrir con una cerradura que no te pertenece. Es exactamente lo mismo. Tus llaves no le sirven a nadie más que no seas tú. Si no las usas serán puertas que nunca se abrirán.

En ocasiones las personas viven sus vidas buscando entrar por las puertas de otro. Es cuando dicen: "Si él lo hizo y le fue bien por qué a mí no". Basta con ver cuando comienza a ponerse de moda algo, me refiero a algún concepto de negocio o inclusive, y todavía más fuerte, los ministerios que hacen fiel y exactamente lo que el hermano ministro hizo. Esos no han entendido lo que estamos hablando en este capítulo. Esto es personal y tienes que ir tras lo que ya ha sido diseñado para ti, tienes que salir corriendo a abrir tus puertas. Cuando Dios nos entrega un plan de trabajo es algo personalizado, eso se llaman puertas, y son las tuyas. En una ocasión leí un libro pequeño, sencillo, pero muy interesante, su nombre "Líderes de papel con pies de barro", del autor Serafín Contreras Laureano. Este era en general su contenido. Hablaba del fracaso de muchos ministerios por tratar de usar el llavero de otro y tratar de entrar por una puerta que no es la de ellos. Aunque ellos piensan que lo lograron (aunque esto quizás suene fuerte) es como el ladrón que entra a la casa a robar sin tener que romper nada porque entró con las llaves, pero aun así se llevó lo que no era suyo. ¿Será eso de bendición a su vida? Desde luego que no. En nuestra vida personal y ministerial es exactamente lo mismo, tienes tus llaves, tus puertas, tus propias bendiciones, tus estrategias. Tratar de hacer lo que otros hacen sería dejar perder lo que ha sido reservado para ti. Tú no podrás tomar lo de nadie, pero nadie podrá tomar lo tuyo.

Sabes, a veces oramos incansablemente a Dios, "Señor abre puertas, tú eres el que abres y cierras puertas"; y está muy bien que oremos. Pero tienes que caminar hacia ellas, nadie abre una puerta por si alguien está tocando. No, absolutamente no. La puerta se abre cuando la tocas. Ese trabajo te toca a ti, tienes que salir con llavero en mano, vas a abrir tus puertas. La que no se abra significa que no es tuyo. No la fuerces, sigue caminando, pero es muy importante perseverar y tener paz. Tienes un constructor de sueños, un Dios que va delante de ti, no trabajas solo, no vives solo, tú no te ciñes solo, tienes un Señor.

Las llaves representan autoridad, por eso Jesús le dijo a Pedro: "a ti te daré las llaves de los reinos de los cielos"; le estaba diciendo, te doy autoridad. El que tiene un llavero en sus manos está diciendo: todas las puertas que abro con estas llaves me pertenecen. Cuando usted anda con su llavero en la mano usted está anunciando que tiene un automóvil, una casa, un empleo, una caja fuerte, etc.

Jesús le dijo: "todo lo que atares en la tierra será atado en los cielos; y todo lo que desatares en la tierra será desatado en los cielos". Todo el que comprende esta verdad camina con llavero en mano atando y desatando todo lo que puede impedir que tu bendición fluya con libertad. Vas a tener luchas, batallas, porque no podemos olvidar a nuestro adversario, ese siempre va a querer estar presente y es perseverante en su trabajo; matar, robar, destruir (*Ref. Juan 10:10*).

Entonces, es en ese momento que no te puedes olvidar quién eres en Dios, lo que él dice en su palabra. Te di las llaves del reino de los cielos, o sea no sé si entiendes esto tan poderoso, pero te lo explico. Dentro de ese llavero que tienes hay una llave muy valiosa, una llave maestra, esa es la única que todo hijo o hija de Dios tiene en su llavero; la llave de los reinos de los cielos. Eso representa todo lo que tú necesitas, todo lo que está en el reino de los cielos le pertenece a los hijos. No te faltará nada, y no me refiero a lo material solamente, me refiero a todo lo que tú necesites para vivir la vida abundante en Dios. Jesucristo compró tu libertad. Por supuesto esto representa autoridad para tener acceso a su presencia. Solo los hijos disfrutamos de este privilegio.

Mientras escribía el Señor me decía: "Muchos llegarán al cielo en el día señalado con muchas preguntas sin respuestas. Cuando llegue ese momento donde el tiempo de estar en mi presencia no represente un obstáculo, esta será la primera pregunta: "Señor, por qué no me diste esto, aquello que tanto te pedí?". Entonces, me decía el Señor: "Les mostraré su llavero, pero ya no habrá tiempo y por supuesto, ya será uno inservible, con una argolla mohosa y con unas llaves pegadas unas con otras por la falta de uso". "La pregunta obligatoria vendrá (me decía), "y eso ¿qué es?". Les diré: "Son tus llaves". "¿Mis llaves?", me preguntarán y les diré: "sí, tu llavero de bendición, el que abría todas las puertas que necesitabas fueran abiertas y que se quedaron sin abrir, porque no prestaste atención a mi voz, caminaste bajo tu propio juicio".

Cuando llegue ese momento ya no habrá tiempo, como me decía el Señor, será muy tarde. Es ahora que tenemos que arrebatar y poseer todas las bendiciones que Dios tiene para nosotros. Nuestros hijos, esposos, nietos, nuestra generación. Nuestras finanzas, nuestros sueños ministeriales, es Dios quien los pone en nosotros. Él quiere que se hagan realidad. Toma tu llavero y camina hacia lo que Dios tiene preparado para ti.

No vivas para que este diálogo al final lo tengas con el Señor. Prepárate para darle gracias por tus llaves, por tus puertas, cuando llegue el día de estar en su presencia. Eres portador de bendición, embajadora del reino. No mires más de lejos tus bendiciones y los que están siendo bendecidos. Ellos se han atrevido a creerle a Dios, por eso hoy los podemos observar disfrutando de toda clase de bendición espiritual y material. Y tú, ¿qué vas hacer?

Quizás te estarás preguntando qué pasó con la mujer del llavero. Bueno, ese llavero se quedó con los otros que nunca recogieron. Te recuerdo que las llaves no eran de ella, eran de quien había sido su pareja. Ella decidió caminar e ir tras su llavero personal, detrás de sus propias bendiciones. La película, por supuesto fue algo que filtré por el Espíritu, porque era una de índole secular. Pero como dije, Dios nos habla cuando quiere y como quiere.

Piensa: *¿Dónde te encuentras en este momento? ¿Estás viviendo esta verdad o, estás orando para que Dios te abra puertas? Es importante que respondas y actúes. ¡Te esperan muchas puertas que se abrirán solo para ti. Camina en la autoridad de Dios!*

Tu luz me molesta

"Así que, hermanos, os ruego por las misericordias de Dios, que presentéis vuestros cuerpos en sacrificio vivo, santo, agradable a Dios, que es vuestro culto racional. No os conforméis a este siglo, sino transformaos por medio de la renovación de vuestro entendimiento, para que comprobéis cuál sea la buena voluntad de Dios, agradable y perfecta".

Romanos 12:1-2;

Reina Valera 1960 (Deberes Cristianos)

"¹Por tanto, hermanos míos, les ruego por la misericordia de Dios que se presenten ustedes mismos como ofrenda viva, santa y agradable a Dios. Éste es el verdadero culto que deben ofrecer. ²No vivan ya según los criterios del tiempo presente; al contrario, cambien su manera de pensar para que así cambie su manera de vivir y lleguen a conocer la voluntad de Dios, es decir, lo que es bueno, lo que le es grato, lo que es perfecto". (La vida nueva)

Dios Habla Hoy (DHH) Dios habla hoy ®, © *Sociedades Bíblicas Unidas*, 1966, 1970, 1979, 1983, 1996.

Estamos viviendo en un mundo donde, sin darnos cuenta, están controlando nuestra forma de vivir. En palabras más sencillas, nos quieren hacer vivir no como queremos sino como el sistema diga. Cuando el hombre no le sirve al Señor no le resulta difícil hacerlo, sencillamente se acostumbra a hacerlo; soy como todo el mundo y ya. Pero cuando venimos a Cristo, todo cambia. Pablo nos dice en el libro de Romanos, Versos 1-2, que nos presentemos nosotros mismos como ofrenda a Dios y que no vivamos según los criterios del tiempo presente (en versión <u>Dios Habla Hoy</u>), o sea como viven todos. Renueva tu entendimiento, tu manera de pensar, porque esa es la única forma de nosotros conocer la voluntad de Dios. Entiéndase lo que está bien, lo que es correcto, lo que es bueno. Estoy desmenuzando de alguna manera el versículo para concluir que yo ya no vivo como vive el mundo. Podía decir todavía más. Mi nuevo estilo de vida le molesta al que no vive como yo.

Como ministro del Señor, una gran parte de nuestro trabajo es ayudar a manejar a nuestras ovejas, los arrastres o el baúl que traen (y traemos) de la pasada manera de vivir. Y si me preguntaran cuál es el conflicto número uno con el que tenemos que trabajar para guiarlos a la sanidad interior, les diría que es el de la aceptación, muy ligado a lo que es la autoestima. Entonces, para recibir esta clase de sanidad que necesitamos es muy importante entender lo que dice la palabra, porque una de las batallas más grandes a pelear en este camino se llama rechazo. ¿Rechazo de parte de quién? De todo aquel a quien le moleste tu luz. El apóstol Pablo nos hizo una advertencia, no vivas, no te acomodes, no hay espacio para ti en este mundo. Cuando habló del mundo se refería a criterios y estilo de vida fuera de lo que establece la palabra. No hay forma de que puedas acomodarte en un mundo de oscuridad. Dicho de otra manera, aunque compartimos el mismo suelo, pisamos la misma tierra, no vivimos el mismo estilo de vida. Nuestro estilo de vida molesta al que está cerca de nosotros porque los confronta. La pregunta es por qué les molesta. Sencillo, porque somos luz. ¡Ah, bueno!, eso sí lo sabía, puede que esa sea tu respuesta. Eso es precisamente el problema, que el rechazo nos hace daño, no lo podemos tolerar, nos duele, nos daña porque tomamos esta verdad (como muchas otras), de forma liviana. La palabra no solamente lo dice en la persona de Jesús. **Juan 8:12**:

Otra vez Jesús les hablo, diciendo: *"Yo soy la luz de el mundo, el que me sigue, no andará en tinieblas, sino que tendrá la luz de la vida".*

Te pido por favor que entiendas lo que Jesús estaba diciendo. Tú tienes la luz de la vida. Jesús fue muerto, lo mataron porque vino a traer luz al mundo. Tú cargas toda la información, la data que el mundo necesita para que no ande más en oscuridad. La oscuridad representa la falta de verdad y de conocimiento. Donde llega un cristiano llega la verdad, llega la luz, llega la vida. Por eso es la razón de nuestras luchas. El enemigo no nos quiere cerca de alguien que viva en desconocimiento. Jesús, a través de su ministerio, confrontó al mundo con su verdad. Él enseñaba a la multitud y por medio de su palabra recibían libertad, sanidad. Él era la luz. Nosotros también lo somos en este tiempo. Cuando llegamos a un lugar de trabajo donde reina una atmósfera de oscuridad, es como cuando nos prenden la luz después de haber pasado un buen rato con ella apagada, no resistimos el brillo en nuestros ojos. ¡Es exactamente igual! Ellos están acomodados a los criterios del mundo y cuando llegamos a ese lugar, todo se revuelca, el ambiente se convierte en uno insoportable. Somos una lámpara, la palabra dice en **Lucas 11:33**: *"Nadie pone en oculto la luz encendida, ni debajo del almud, sino en el candelero, para que los que entran vean la luz".* *El verso 36 dice: "Así que, si todo tu cuerpo está lleno de luz no teniendo parte alguna de tinieblas, será todo luminoso, como cuando una lámpara te alumbra con tu resplandor".* Esto es lo que haces cuando entras a cualquier lugar, no solo al trabajo. Es dondequiera que pisas, aunque sea ejercitándote. Vas alumbrando a tu paso todo lugar que pisas, claro, y esto es muy importante, si tu cuerpo está lleno de luz no teniendo en ti nada de tinieblas. Si hay tinieblas, esos no tienen problemas. Esos logran adaptarse según sea la circunstancia.

La parte más importante de este tema es el hecho de que me he encontrado con la situación de que los que tenemos la verdad, los que somos luz, actuamos ante la oposición como si no supiéramos el porqué de nuestras luchas, del rechazo que recibimos ante el poder de las tinieblas. Comenzamos a tomar esto de forma personal, según sea el caso. Si es en el trabajo, dejamos de hablar con los compañeros de trabajo que la tienen en mi contra, si es en la universidad, pues al profesor, si es donde vivimos, pues al vecino. Si es en la iglesia… ¿qué dijo? Sí, dije en la iglesia, pues será con el hermano. Esto sucede dondequiera que tú vayas que puedas estar cerca de una vida que viva en oscuridad de forma total o en algunas áreas de su vida. Si tú eres luz, tu luz le molesta. Cuando la persona tiene áreas donde todavía tiene que madurar, (me refiero en la iglesia), no ha entendido que todo lo que tenemos es por la gracia y la misericordia de Dios. Que le servimos a un Dios personal y da y reparte conforme a nuestras capacidades. Que muchas veces su problema con el hermano es porque él es fuerte donde el otro es débil, o porque es capaz de hacer lo que él no. Entonces esa luz le molesta.

Cuando vamos a la palabra donde nos habla acerca de no hacer yugos desiguales, claro que lo debemos aplicar a las relaciones de pareja. Pero también se refiere al porqué de nuestras luchas cuando lo aplicamos a este tema. Veamos lo que dice en **2 de Corintios 6, versos del 14 al 16**:

14No os unáis en yugo desigual con los incrédulos; porque ¿qué COMPAÑERISMO tiene la JUSTICIA con la INJUSTICIA? ¿Y qué COMUNIÓN la luz con las TINIEBLAS? 15¿Y qué CONCORDIA Cristo con BELIAL? ¿O qué parte el CREYENTE con el INCRÉDULO? ¹⁶*¿Y qué ACUERDO hay entre el TEMPLO de DIOS y los ÍDOLOS? Porque vosotros sois el TEMPLO del Dios viviente, como Dios dijo:*

Habitaré y andaré entre ellos,
Y seré su Dios,
Y ellos serán mi pueblo".

Mientras leí este pasaje pensé vale la pena destacar el vocabulario. Siendo luz yo vengo a brillar en contra de la injusticia. Vengo a mostrar la verdad al incrédulo. Tengo autoridad para predicar la palabra de verdad. La luz nunca hará alianza con las tinieblas. Nosotros somos templo de Dios. Cargamos presencia, su presencia. Un cristiano que vive conforme lo establece la palabra, recibe paz, entendiendo que cuando él llega a un lugar o dondequiera que se encuentre cambiará una atmósfera de oscuridad en una de luz y eso inevitablemente te va a traer problemas. Lo que sí es importante, es que debemos militar en el Espíritu, no como personas sin entendimiento que actuamos como si no supiéramos contra quién estamos luchando. Debemos aprender a vivir los tiempos de Dios. ¡Establece con tu vida su reino dondequiera que vayas! Esto traerá recompensa a tu vida. No te acomodes a este mundo, tú no perteneces a él. ¡Renueva tu mente! Vive conforme lo establece la palabra. Bajo la guía del Espíritu Santo, él te dirá qué hacer y cuándo.

No te eches a llorar en una esquina porque no te quieren, porque te rechazan, porque no te aceptan. No es a ti a quien no quieren, es que les molesta la luz. El enemigo siempre buscará la manera de que te enfoques en la persona que te está haciendo la guerra, no en el porqué de la guerra. ¿Qué debo hacer? Ora para ser equipado de las herramientas y estrategias espirituales que necesitas para ser específico en el lugar donde vayas o te encuentres. No estás solo, el Señor está contigo y su presencia te acompañará dondequiera que tú vayas. Esto es ahora, mañana y hasta que él venga.

Piensa: *¿Has entendido lo poderosa de esta verdad para tu vida? Y la acción a tomar es ¡Posicionarnos! Asumir la actitud correcta. Las tinieblas no intimidan a un hombre o una mujer de Dios, tú tienes la verdad de Dios, cargas presencia, eres luz. ¡Camina con convicción, el Señor te dará la victoria!*

El dolor de la caída

"Pedro dijo: Aunque me sea necesario morir contigo no te negaré. Y todos los discípulos dijeron lo mismo".
Mateo 26:35

En la tarde de hoy me fue pertinente hacer una llamada a una persona con quien tengo una relación muy linda. Nos conocimos por medio de la revista del ministerio y desde ese momento hemos compartido muchas victorias hermosas. Le llamé porque necesitaba un favor relacionado con su trabajo y me sorprendió diciéndome que ya no estaba trabajando en lo que se había dedicado por toda una vida. Me compartió lleno de gozo que se le había abierto una puerta para otro trabajo. Aún así quedamos en vernos para ayudarme en lo que yo necesitaba. Casualmente era el día de mi programa de radio "Una taza de chocolate con Dios", como el título de este libro. Como es mi costumbre, le preguntaba al Señor de qué iba a hablar esa noche; la respuesta llegó inmediatamente terminé la llamada telefónica. Vino a mi mente que esa misma persona con la que terminaba de hablar, había pasado por un proceso muy difícil en su vida, pero se levantó y estaba feliz.

Muchos son los que pasan por el dolor de la caída, pero nunca logran recuperarse. La pregunta obligada es, ¿existe y es real la oportunidad de hacerlo? La respuesta sin tardanza es sí, se puede. Para eso es muy importante que tengamos en consideración el hecho de que entre las promesas de Jesús nunca estuvo "esto será fácil". Por el contrario, sus palabras bien pudieron provocar en ti miedo,

Martita Soto

inseguridad y por qué no, pensarlo dos veces, si seguirlo o no. Él dijo: "El que quiera venir en pos de mí tome su cruz y sígame" (*Ref. Mateo 16:24*). También dijo: "En este mundo tendréis aflicción (*Ref. Juan 16:33*). Entonces podemos resumir que es una decisión.

El apóstol Pedro la tomó, decidió seguirle, se comprometió con Jesús desde su llamado a ser pescador de hombres (*Ref. Lucas 5:10*). Pero no podemos olvidar que vino como "un diamante sin pulir". Era un hombre con un carácter fuerte e impulsivo, lo que le hacía hablar sin tomar en cuenta el compromiso de sus palabras. Y es que así somos, y todos nos podemos identificar con el apóstol en algún momento de nuestras vidas. **Pedro compartió con Jesús durante todo el tiempo que duró su ministerio. Estuvo en una escuela ministerial en un nivel avanzado.** Ya casi acercándose "el día de graduación" (porque se supone que a este nivel, la reacción de Pedro fuera más coherente), Jesús les dijo a todos en medio de un ambiente de gozo:

[30]"Y cuando hubieron cantado el himno, salieron al monte de los Olivos. [31]Entonces Jesús les dijo: Todos vosotros os escandalizaréis de mí esta noche; porque escrito está: Heriré al pastor, y las ovejas del rebaño serán dispersadas. [32]Pero después que haya resucitado, iré delante de vosotros a Galilea. [33]Respondiendo Pedro, le dijo: Aunque todos se escandalicen de ti, yo nunca me escandalizaré. [34]Jesús le dijo: De cierto te digo que esta noche, antes que el gallo cante, me negarás tres veces. [35]Pedro le dijo: Aunque me sea necesario morir contigo, no te negaré. Y todos los discípulos dijeron lo mismo".
Mateo 26: 30-35

Jesús le dijo lo que iba a suceder, pero lo que Pedro sentía por Él y ante el desconocimiento de lo que realmente iba a acontecer lo llevó a decirle a Jesús "todos menos yo". Aquel día del que Jesús habló llegó y Pedro no pudo cumplir con su promesa de no negarle, aunque eso le costara su propia vida.

Pedro se acordó de lo que Jesús había dicho: "Antes de que cante el gallo, me negarás tres veces".

69"Mientras tanto, Pedro estaba sentado afuera, en el patio, y una criada se le acercó. Tú también estabas con Jesús de Galilea —le dijo. 70Pero él lo negó delante de todos, diciendo: No sé de qué estás hablando. 71Luego salió a la puerta, donde otra criada lo vio y dijo a los que estaban allí: Este estaba con Jesús de Nazaret. 72Él lo volvió a negar, jurándoles: ¡A ese hombre ni lo conozco! 73Poco después se acercaron a Pedro los que estaban allí y le dijeron: Seguro que eres uno de ellos; se te nota por tu acento. 74Y comenzó a echarse maldiciones, y les juró: ¡A ese hombre ni lo conozco! En ese instante cantó un gallo. Pedro se acordó de lo que Jesús había dicho: «Antes de que cante el gallo, me negarás tres veces». 75Entonces saliendo de allí, lloró amargamente". Mateo 26:69-75

Fue cuando Pedro experimentó el dolor de la caída, es cuando un corazón tiene la experiencia de sentir que le ha fallado a Dios. Quiero que pienses por un momento en cómo tuvo que haberse sentido. Me imagino que por su mente comenzó a pasar algo así como una película, los momentos vividos, cuánta gloria había visto a su lado. Cuántas veces tuvieron que haber discutido por algún tema en particular. Tuvo que haber recordado las veces que se rieron juntos, que comieron juntos, sin olvidarnos de su primer encuentro y la decisión de seguirle.

Pedro lloró amargamente porque le falló a su compromiso de seguirle hasta morir de ser necesario. Jesús sabía que lo haría, él conocía las debilidades de su amado discípulo.

Él conoce las nuestras, él sabe qué cosas de las que le prometemos no vamos a ser capaces de cumplir. Pero aún así nos ama y nos levanta para restauración. La sensación de que somos inmerecedores de su perdón es una de las armas que utiliza nuestro adversario el diablo para que permanezcamos en esta condición. Ese "nunca te podrás levantar" o, "con qué cara vas a presentarte ahora luego de haberle fallado a Dios", son algunas de las frases que te van a susurrar al oído. Pero Dios te dice en este día, yo te perdono y te levanto. "Sé cuánto has sufrido". No hay dolor más grande que estar lejos de su presencia. Sal corriendo al Cristo resucitado, él no está muerto, está vivo.

Pedro se levantó y vio la tumba vacía (*Ref. Juan 20:2*). Fue testigo y anunció las buenas nuevas de salvación hasta la muerte. La palabra establece que la unción de este hombre era tal que aun con su sombra se sanaban los enfermos. Que todos sabían que en efecto, sí había estado con Jesús porque era un hombre de "vulgo". Él sí se graduó de la mejor academia ministerial, estuvo en la presencia del mejor maestro y permaneció en ella hasta el final de sus días. Sí es posible levantarse después de haber caído. Basta que vuelvas a la cruz, no para adorar a uno muerto, sino para recordar que allí se pagó el más alto precio que alguien pueda pagar por otra persona. Que en la cruz murió el que ahora es el único mediador entre Dios y el hombre, Jesucristo, el Justo (*Ref. 1 Timoteo 2:5*). Que si pecamos, abogado tenemos delante del Padre.

Piensa: *¿Pecaste? ¿Le fallaste a Dios? Vuelve a la cruz, la tumba está vacía. No pases ni un solo día fuera de su presencia. ¡Jesús te ama y te perdona. Vuelve al Padre hoy!*

La voz del atalaya

"Y aconteció que al cabo de los siete días vino a mí palabra de Jehová, diciendo: Hijo de hombre yo te he puesto por atalaya a la casa de Israel; oirás tú pues, la palabra de mi boca, y los amonestarás de mi parte".
Ezequiel 3:16-17

Cuando nos disponemos al estudio de la palabra del Señor lo más importante es la revelación del Espíritu Santo para poder entenderla. Pero hay unas herramientas que son muy útiles a la hora de tener nuestro tiempo devocional con Dios. Una libreta, un diccionario (bíblico y secular), varias biblias, y por supuesto, un bolígrafo. Debemos entender lo que leemos. En esta ocasión nos toca definir lo que el diccionario dice de la palabra "atalaya". El secular dice que es: "torre construida en un lugar alto para vigilar gran extensión de terreno o de mar y poder avisar con tiempo de un peligro o amenaza". En la antigüedad los reyes defendían sus ciudades con muros altos y gruesos de piedra. Encima de esos muros, había torres desde donde los atalayas podían ver a los enemigos que se disponían atacar cuando aún estaban lejos. El atalaya tenía por obligación velar y sonar la alarma cuando el peligro se acercaba; y, ¡ay! del atalaya que se quedara dormido mientras vigilaba, o que por cualquier causa, no sonara la alarma cuando había peligro, pagaba el descuido con su vida.

Dios le dijo a Ezequiel: ***"Hijo de hombre, yo te he puesto por atalaya... Cuando yo dijere al impío; de cierto morirás, y tú no le amonestares... el impío morirá por su*** *maldad, pero su sangre demandaré de tu mano".* Ezequiel 3:17-18

La palabra, para este profeta de Dios, fue una fuerte, de mucha responsabilidad. La palabra para la iglesia fue y es una de gran responsabilidad. Somos los atalayas de este tiempo. No precisamente a estar de forma literal enganchados en una torre, pero sí con las mismas responsabilidades de un atalaya.

El atalaya estaba ubicado en un lugar alto donde prestaba vigilancia. El lugar alto representa para usted y para mí la presencia del Señor. La palabra dice: *"Porque así dijo el alto y sublime, el que habita en eternidad, y cuyo nombre es el Santo: "Yo habito en la altura y en la santidad y con el quebrantado y humilde de espíritu para hacer vivir el espíritu de los humildes y para vivificar el corazón de los quebrantados".* Isaías 57:15

Hay un lugar a donde nosotros pertenecemos, donde debemos habitar para poder cumplir con responsabilidad a este llamado. Ese lugar es en la presencia del Señor. Escondidos en Dios. Es aquí donde recibimos todo lo que necesitamos para poder obedecer. Es en las alturas donde habita el Señor. Solo allí se obtiene una visión amplia y clara porque las cosas desde arriba se ven mejor. Es ahí donde recibimos la revelación de Dios, donde somos advertidos del peligro. Nosotros estamos y estaremos siempre en la mirilla del enemigo. Él nos está observando todo el tiempo. Él nos vigilia para ver en qué nivel espiritual nos encontramos.

Este es el problema grave que enfrenta la iglesia y es que ha dejado su lugar, ha dejado de vigilar. Ha perdido la visión de cuál es su responsabilidad. Se bajó de la torre de vigilia para ocuparse de otros asuntos que nada tienen que ver con lo que Dios nos ha llamado hacer. Mientras eso sucede el enemigo lo hace por nosotros.

Él se ha convertido en Atalaya. Nos vigila cuidadosamente para identificar nuestras debilidades y en lo que estamos fallando para luego atacarnos. Lo triste es que hoy día por causa de haber dejado nuestro lugar, somos una iglesia débil, y blanco del mundo que constantemente nos echa en cara nuestros errores y nuestra falta de credibilidad. ¿Y todo por qué? Porque la iglesia abandonó su lugar de vigilancia. La pregunta es, ¿para ocuparse de qué? Qué puede ser más importante que poner en aviso al que no conoce a Cristo del peligro eminente en que se encuentra. Dios le dijo al profeta, adviérteles de su pecado, a lo que se enfrentan si no desisten de su estilo de vida. ¿De qué cosas se está ocupando la iglesia mientras el mundo se pierde?

La iglesia se bajó de la torre de vigilancia y vive en guerra no con el enemigo, con sus hermanos en fe. La iglesia no puede amar las almas, porque no ama. Porque el tiempo que se supone invierta en identificar las estrategias del enemigo, lo está utilizando para identificar qué está haciendo mi hermano ministro, pastor, que "no está bien". Cómo viste, cómo predica, cómo canta, que está haciendo mal, mientras que yo invierto mi tiempo en esto el enemigo aprovecha para continuar debilitando a la iglesia, y continúa ganando terreno.

La iglesia ha abandonado el lugar designado para el atalaya, ha dejado su lugar de vigilancia. Debe volver a la torre. Debe retomar su lugar. El llamado del Señor sigue siendo el mismo. No ha cambiado. Usted y yo debemos estar en el lugar designado para identificar las estrategias del enemigo, para identificar el peligro y buscar en Dios las estrategias para ganar esta batalla.

Martita Soto

Hemos sido llamados a avisar, a advertir, a predicar la palabra, a proclamar la verdad. Hoy más que nunca la iglesia tiene que ser atalaya, pero su palabra tiene que venir acompañada de una vida que confirme lo que se predica. La iglesia se baja de la torre de vigilancia, pierde autoridad como atalaya cuando sus frutos no coinciden con lo que ministra, con lo que enseña.

La iglesia predica acerca de un mundo caído, pero para alcanzar las almas primero tiene que ser restaurada la relación de Dios con la iglesia. Tiene que volver a hablar el mismo lenguaje de Dios. Dios ama al pecador, aborrece su pecado.

Dios no habita, no puede habitar en donde no existe, ni se considera vivir en santidad, donde no hay humildad, donde no hay amor.

La iglesia vive en autoengaño. Se habla de doctrinas de error, de doctrinas que ya conocemos. Se habla de religiones y de lo que practican. Pero el peor enemigo que tiene la iglesia en este tiempo es lo que la iglesia ha adoptado como su propia verdad y creyendo que aun nuestra eternidad será al lado de Cristo.

Cuando leímos lo que representaba la posición del atalaya dice: "ay del que se duerma, que no suene la alarma avisando del eminente peligro en que se encuentra en este caso la iglesia". Dice que deberá pagar con su vida. Esto no ha cambiado. Somos nosotros los atalayas, tenemos nuestra voz que representa la trompeta. Nos escuchen o no, tenemos que hablar este mensaje. La autoridad solo estará en nosotros si vivimos lo que predicamos.

Este es un mensaje para este tiempo. El enemigo sabe, reconoce un hombre o una mujer de autoridad. Él reconoce un atalaya.

Dios le dijo al profeta: *"Hijo de hombre yo te he puesto por atalaya a la casa de Israel; oirás tú pues la palabra de mi boca, y los amonestarás de mi parte".* Ezequiel 3:16-17

Nuestra amonestación viene de parte de Dios, solo nos toca vivir lo que predicamos.

Ezequiel 3:19-21
"Pero si tú amonestares al impío, y él no se convirtiere de su iniquidad y de su mal camino, el morirá por su maldad, pero tú habrás librado tu alma. Si el justo se apartare de su justicia e hiciere maldad, y pusiere yo tropiezo delante de él, morirá porque tú no le amonestaste; en su pecado morirá y sus justicias que había hecho no vendrán en memoria; pero su sangre demandaré de tu mano. Pero si al justo amonestares, para que no peque y no pecare, de cierto vivirá, porque fue amonestado, y tú habrás librado tu alma".

Cuál es nuestra responsabilidad, amonestar al pecador, ese es nuestro llamado. Hablar, predicar a tiempo y fuera de tiempo. Ser voz de atalaya es algo muy serio y de mucha responsabilidad delante de Dios.

Jesús vino a buscar y a salvar lo que se había perdido (**Lucas 19:10**). Nos enseñó a hacerlo, nos dejó el modelo a seguir, su propia vida. No podemos cambiarlo. Esta palabra no ha expirado ni lo hará. Él dijo: *"Por tanto id, y haced discípulos a todas las naciones, bautizándolos en el nombre del Padre, y del Hijo, y del Espíritu Santo, ensenándoles todas las cosas que os he mandado, y he aquí yo estoy con vosotros todos los días, hasta el fin del mundo. Amén".* **Mateo 28:18-20**

Piensa: *¿Estás siendo voz de atalaya cumpliendo con las exigencias de este llamado? Tienes que volver a la torre, tienes que habitar en las alturas. Es el tiempo de hacerlo. ¡Toma tu lugar!*

Nuestro Dios, Dios de Pacto es

"Entonces el rey llamó a Siba siervo de Saúl,
y le dijo: todo lo que fue de Saúl y de toda su casa,
yo lo he dado al siervo de tu Señor".
2 de Samuel 9

Desde la caída del hombre, Dios puso su mirada en él y diseñó un plan para restaurarlo. Para que la comunión del hombre con Dios fuera restaurada. El pecado nos separa de él, pero también lo hacen los pecados y pactos generacionales de nuestras familias. Maldiciones generacionales, generaciones espiritualmente enfermas que no le ofrecen esperanza a nuestras generaciones futuras provocando que alguien se levante con el conocimiento de esta verdad y por medio de un nuevo pacto quebrante el viejo. Con un compromiso de servicio a Dios, que quebrante todo lo antes hecho que provocó maldición a nuestra vida y mi generación.

Es posible hacerlo en medio de un ambiente de hostilidad, porque se levanta un ambiente de hostilidad, de guerra, para evitar que el "status" generacional cambie. Este fue el caso de David y Jonathan como leemos en la palabra en **1 de Samuel 20:42**: ***dijo a David: "Vete en paz porque ambos hemos jurado por el nombre de Jehová, diciendo: "Jehová esté entre tú y yo, entre tu descendencia y mi descendencia, para siempre". Y él se levantó y se fue; y Jonathan entró en la ciudad".***

Algo de historia:

Jonathan, hijo de Saúl rey de Israel desechado por Dios por su desobediencia (*Ref. 1 Samuel 1-35*). David, ungido por Dios para ser el sucesor de Saúl (*Ref. 1 Samuel 16:1-13*). Desde ese momento se desata una persecución porque Saúl no aceptó la decisión de Dios y pensaba que quitando a David de su camino podía cambiar lo que Dios había determinado hacer. Nuestro nivel de compromiso, de obediencia, determina nuestra victoria en esta guerra. Jonathan tenía claro que David era el escogido por Dios para reinar, el reino de su padre había llegado a su fin. Decidió establecer un nuevo pacto para salvar a su generación por medio de David el nuevo rey.

Al igual que el pacto que hiciera David y Jonathan, así es el nuevo pacto que hizo Jesús por tu vida, por la mía y nuestra generación enferma. Una generación que estaba sin esperanza de salvación, sanidad y restauración, si Dios no hubiese enviado a Jesucristo para remisión de nuestros pecados.

Ellos hicieron un pacto que permaneció aun después de la muerte de una de las partes, la muerte de Jonathan. Igual permanece el pacto entre Jesús y el hombre. Su muerte y su sangre son el sello de autenticidad. No puede ni podrá ser invalidado. Hay certificados con su firma esperando ser reclamados por los beneficiarios. Usted y yo, nuestros hijos, nuestros nietos, nuestros bisnietos, generaciones que pueden ser sanadas con solo ir y reclamar lo que ya fue pagado.

¡Wow! ¡Qué verdad tan poderosa! Tú no tienes por qué arrastrar los corajes, la falta de perdón, los vicios, hacer o vivir como vivían tus antepasados. No te pierdas la bendición de escribir tu propia historia. Comparte con los tuyos los errores cometidos y las consecuencias vividas. Esto les ayudará a entender el porqué hacen cosas que no quisieran hacer y comenzarán a trabajar para ser libres de ellas.

Toda palabra dicha, declarada, no quedará en el aire sin su cumplimiento. El pacto entre Jonathan y David se cumplió.

1 de Samuel 9-13: *Dijo David: "¿Ha quedado alguno de la casa de Saúl a quien haga yo misericordia por amor de Jonathan?".*

Es interesante el hecho de que el rey David fue específico cuando dijo: "por amor de Jonathan", "a quien haga misericordia". Si vamos a lo literal de estas dos frases vemos la validez de un pacto que fue hecho por alguien que todavía no estaba en el panorama cuando se hizo. Misericordia se define como la disposición a compadecerse de los sufrimientos y miserias ajenas. Amor no a quien estoy por conocer, sino a quien conocí y me fue fiel y me amó en honor a la verdad, a lo que era justo.

En respuesta a su pregunta le dijeron, queda uno, *"Aún ha quedado uno, un hijo de Jonathan, lisiado de los pies",* (**Verso 3**).

Imagino que en ese momento el corazón de David comenzó a latir de forma acelerada. "Hijo de Jonathan mi amigo fiel".

En el mundo espiritual se había declarado una sentencia de maldición. Las palabras del criado, "Aún ha quedado uno, un hijo de Jonathan sin nombre, bueno podía ser lisiado de los pies, o inválido, sin futuro, sin posibilidades…, entre otros nombres".

Pero se había hecho sin que él ni siquiera lo imaginara un

pacto de bendición. Su descendencia no iba a permanecer caída porque yo hice un pacto con Jonathan, tu padre. Y David dijo: "Yo voy a hacer que ese pacto se cumpla" (*Ref. 2 de Samuel 9:13*).

También fue hecho por la tuya, la mía. Se hizo un pacto en la cruz, fue establecido declarado hace más de dos mil años. Hubo alguien que quizás no sepas, se comprometió a orar por ti, por tu salvación. Esto representa la fidelidad de Dios y su plan de restaurarnos.

Mefiboset vivía en Lodebar, una tierra de tristeza, que no daba frutos, lo que representaba su condición. Sin esperanza, con poca o ninguna posibilidad de recuperar su verdadera identidad. Nosotros tampoco tendríamos esperanza si no hubiéramos reconocido lo que aconteció en el calvario. De hecho, si no lo reconoces, si no recibes esta verdad tú y tu generación van a permanecer en Lodebar, tierra de tristeza y dolor. Tú permanecerás caído.

Decídete a escuchar la voz de Dios que hoy te invita a buscar a su hijo amado, Jesucristo, para ser restaurado. Para que salgas de Lodebar, lugar que no te corresponde.

Y le dijo David: "No tengas temor porque yo a la verdad haré contigo misericordia por amor de Jonathan tu padre, y te devolveré todas las tierras de Saúl tu padre, comerás siempre a mi mesa". (**Verso 7**)

No hay pacto de maldición sobre ti, sino de bendición; has sido llamado para ser poseedor de las riquezas del Padre, a comer en la mesa con él…

Sal de Lodebar y toma tu nueva identidad, eres hijo de un rey, Dios te puso nombre y vestiduras reales.

Verso 8: "y él inclinándose dijo: ¿Quién es tu siervo para que mires a un perro muerto como yo?".

Verso 9 en adelante: "Entonces el rey llamó a Siba siervo de Saúl y le dijo: "todo lo que fue de Saúl y de toda su casa yo lo he dado al hijo de tu Señor… [10]Tú, pues, le labrarás las tierras, tú con tus hijos y tus siervos, y almacenarás los frutos, para que el hijo de tu señor tenga pan para comer; pero Mefiboset el hijo de tu señor comerá siempre a mi mesa. Y tenía Siba quince hijos y veinte siervos. [11]Y respondió Siba al rey: Conforme a todo lo que ha mandado mi señor el rey a su siervo, así lo hará tu siervo. Mefi-boset, dijo al rey, comerá a mi mesa, como uno de los hijos del rey. [12]Y tenía Mefi-boset un hijo pequeño, que se llamaba Micaía. Y toda la familia de la casa de Siba eran siervos de Mefi-boset. [13]Y moraba Mefi-boset en Jerusalén, porque comía siempre a la mesa del rey; y estaba lisiado de ambos pies".

La vida de Mefiboset cambió por alquien que reconoció que se puede vivir disfrutando de las bendiciones que Dios ha provisto. El rey lo mandó a llamar y dio la orden de bendecirlo. También la orden fue dada para ti. Se acabó la sequía en tu vida. Se acabó la miseria, se acabó la esclavitud. Se quebranta todo espíritu de miseria y esclavitud. Se acabaron las vanas repeticiones, "el no puedo", "esto es lo que me ha tocado" o, "todos en mi familia vivieron así". Dios no planificó esta vida para ti. Todo, escucha, todo fue quebrantado en la cruz.

Piensa: *Eres real sacerdocio, nación santa, puedo adqurirlo por Dios (Ref. 1 de Pedro 2:9). Ponte en pie y colócate en el lugar que te corresponde. Siéntate a la mesa con Dios. He puesto sitio, un lugar para los tuyos. Yo me acordaré de mi pacto…, dice el Señor.*

Todo obra para bien

"²⁸Y sabemos que a los que aman a Dios,
todas las cosas les ayudan a bien, esto es,
a los que conforme a su propósito son llamados".
<u>**Reina-Valera 1960 (RVR1960)**</u>

Sabemos que Dios dispone todas las cosas para el bien de quienes lo aman, a los cuales él ha llamado de acuerdo con su propósito.

Romanos 8:28-39, *Dios Habla Hoy (DHH)*

Hace mucho tiempo he sentido el deseo en mi corazón de escribir acerca de este tema. Y es porque al igual que yo lo hice por años, el 99.9 por ciento de los seres humanos utilizan esta expresión como si fuera una muletilla para conformarse con el proceso que está viviendo. Te voy a llevar al escenario para que lo puedas visualizar mejor.

Te encuentras con esta persona que hace mucho que no ves. Le preguntas como está y casi de forma inmediata comienza un diálogo donde tú le dices como estás y ella a ti. Entonces cuando te comienzas a enterar de todo lo que ha estado pasando, el sello de la conversación siempre es, ***"que difícil situación, pero todo obra para bien".*** Todos lo decimos, ¿pero sabías que esto no es un dicho o una frase cotidiana sino un versículo bíblico que se encuentra en el libro de Romanos, Capítulo 8 verso 28?

Siendo así debemos analizarlo. Porque si la palabra nos enseña que en efecto todo obra para bien, pero la pregunta obligada es ¿para quién? Todos lo repiten para aquietar

Martita Soto

su alma en medio de la dificultad, por fatídico que sea eso que está pasando *"va a obrar para bien"*, y dicho de otra manera, *"que todo pasa por un propósito"*. Y no quisiera decepcionarte en esta ocasión o traer tristeza a tu corazón, pero esto no es cierto, porque no es para todos que las cosas van a obrar para bien. No todos pueden tener esta confianza, que es lo mismo que esperar un resultado positivo de las cosas negativas que están viviendo, porque la palabra misma establece que es para algunos, no para todos. Con esto quiero continuar porque una vez más la verdad te hará libre (*Ref. Juan 8:32*).

Volvamos al verso bíblico en ambas versiones:

"Y sabemos que a los que aman a Dios" - Solo con la primera parte de esta oración la idea de pensar de que todo obra para bien para todos cambia, porque la palabra establece que esta promesa es para los que aman al Señor.

En la versión *Dios habla hoy* te cambia el orden y dice: *"que es Dios quien dispone las cosas para el bien de quienes lo aman"*.

Ambas se convierten y pueden ser un bálsamo, no para todos, sino para quienes le aman. Entonces vale la pena analizar esto que dice "para los que aman a Dios". Si le preguntáramos a un número de personas a modo de encuesta si aman al Señor, la mayoría de creyentes te diría que sí. Pero es muy probable que con su estilo de vida contradigan sus palabras. Es que no hay forma de establecer que alguien ame o no ame a Dios por sus palabras. Jesús mismo estableció en su palabra que la única manera de mostrar nuestro amor hacia Él era obedeciendo sus mandamientos. Varios versículos bíblicos nos guían a esta verdad:

"[15]Si me amáis, guardad mis mandamientos".
Juan 14:15; <u>**Reina-Valera 1960 (RVR1960)**</u>

"²¹El que tiene mis mandamientos, y los guarda, ése es el que me ama; y el que me ama, será amado por mi Padre, y yo le amaré, y me manifestaré a él".
Juan 14:21; <u>Reina-Valera 1960 (RVR1960)</u>

"²³Respondió Jesús y le dijo: El que me ama, mi palabra guardará; y mi Padre le amará, y vendremos a él, y haremos morada con él. ²⁴El que no me ama, no guarda mis palabras; y la palabra que habéis oído no es mía, sino del Padre que me envió. ²⁵Os he dicho estas cosas estando con vosotros". <u>Reina-Valera 1960 (RVR1960)</u>

Él dijo: Si me amas, guarda mis mandamientos. Es la única prueba de amor que le podemos dar. Es por eso que si retomamos el tema no es para todo el mundo que las cosas que le suceden van a obrar para bien, esto será para aquellos que le obedecen. Es porque nuestra obediencia es quien abre las puertas de las bendiciones y los cuidados de Dios para nuestra vida. No es posible esperar la intervención de Dios en medio de nuestra crisis si el resto del tiempo vivimos una vida de espaldas a Él. Estamos viviendo tiempos donde las personas piensan que así como obtenemos todo en la vida, cuando queremos algo, lo tomamos y lo soltamos conforme sea nuestra voluntad, y que así mismo podemos hacer con Dios. Y es que definitivamente no funciona así. Él solo espera que nosotros entendamos que siempre estará para nosotros y es su deseo que aprendamos a confiar en su poder para en efecto hacer de cada situación que vivimos una con propósito.

La versión *Dios habla hoy* dice: "Sabemos que Dios dispone las cosas para el bien de quienes lo aman" - Por supuesto que cuando le sirves al Señor esto es lo que va a estar pasando en tu vida, Él dispondrá todas las cosas que te sucedan para bien. Si se te revienta una goma o llanta de tu automóvil, tendrá propósito. "Pero por qué lo permites

Señor, si no tengo dinero para comprar una nueva". Tu pensamiento. La respuesta: Es porque usará eso que parece malo para abrir una puerta, no solamente para hacer provisión de la que perdiste, sino que te dará las otras tres que también estaban de cambiar. Porque esa es la promesa para los que aman al Señor. O cuando se pierden las llaves del auto y te comienzas a enojar porque no hay explicación lógica para ti y repites una y otra vez: "no me explico, las puse en el mismo sitio de siempre". La razón: nuestro Dios la sabe, te guardó de un accidente o era necesario que te quedaras para recibir un hermano en necesidad, o tal vez alguien iba a llegar a tu casa para bendecir tu vida.

Todos tus "malos ratos", si amas a Dios, encierran propósito. Para los que aman a Dios, todo obra para bien. Nuestra vida le pertenece a Él y como dueño y Señor hace como quiere y como mejor nos convenga. Su palabra dice: "todas las cosas le ayudan a bien". No dice algunas, dice todas. Sé que así como yo te preguntas: ¿Cómo puedo ver a Dios en cosas como una enfermedad o una pérdida? Tal vez no te puedo dar la respuesta completa a esa pregunta, pero sí te puedo decir que siempre tendrá una razón poderosa para permitir en nuestra vida aún aquello que parece demasiado doloroso. Cuando he tenido la oportunidad de compartir con un hombre o una mujer de Dios en mi programa de radio, los presentaba con esta frase: "porque detrás de un ministro de Dios siempre hay una historia que contar", me refería a su testimonio. Es que todos, sin excluir ninguno, contaban su historia agradeciendo a Dios por todos los procesos que permitió en sus vidas antes de estar en donde se encontraban en ese momento. Les agradecían por todos porque la palabra continúa diciendo: *"esto es a los que conforme a su propósito son llamados"*. Es que aprendemos a ver planes y propósitos de Dios en todo lo que nos sucede. Por una sola razón, porque amamos al Señor. Nadie puede sobrevivir al proceso y/o la crisis sin tener esta convicción en su corazón. Sufrimos y hasta lloramos pero con paz, porque nuestra relación con Dios nos hace estar confiados de que lo que estamos viviendo nos llevará a ser quien Él dijo que íbamos a ser.

Toda nuestra vida gira en torno a la obediencia a Dios y a su palabra. Jesús trajo un mensaje sencillo y fácil de entender. Dijo: "El que no me ama, no guarda mis palabras". No pudo ser más directo, imposible que exista en nuestra vida confusión alguna. La palabra del Señor nos imparte vida en cada verso que leemos sobre todo cuando esa palabra sale de los labios de Jesús. Sé que te estarás identificando con todos los capítulos de este libro pero este será uno que no olvides. Cada vez que te encuentres con alguien que no le sirve al Señor y te diga que lo que está viviendo va a obrar para bien, aprovecha para presentarle el plan de salvación y se pueda convertir en alguien de propósito en Dios.

Piensa: *La pregunta obligatoria, ¿hasta el día de hoy entendías lo que estabas diciendo cuando decías: "Todo obra para bien"? Si no, te invito a que medites en este verso bíblico y ordenes lo que falta en tu vida (si algo falta) para que comiences a disfrutar de esta promesa que es para ti. ¡Te invito a descansar en Dios!*

La comida de Elías

"Se levantó, pues, y comió y bebió, y fortalecido
con aquella comida, caminó cuarenta días
y cuarenta noches hasta Horeb, el monte de Dios".
1 Reyes 19:8

Hablar de este gran hombre de Dios en un solo capítulo es casi imposible. Pero en esta ocasión quiero compartir algo que a muchos hombres y mujeres de Dios se nos olvida. Me refiero a la importancia de nuestra vida para Dios. Lo que sucede es que en ocasiones estamos tan ocupados en nuestros llamados y ministerios que nosotros mismos nos tratamos como si fuéramos dos personas en una. Como si pudiéramos separar una vida de la otra; la del ministro o cristiano y la personal.

Quiero darte un ejemplo que quizás te llevará a entenderlo mejor. Como padres amamos a nuestros hijos, y no los amamos menos cuando están tristes o cuando se encierran en su habitación porque están cargados por alguna situación en particular. Por el contrario, todo lo demás deja de tener importancia, es en ese momento que anteponemos lo único importante, su bienestar. Nunca le diremos, "no puedes estar ahí, tienes mucho trabajo que hacer" o, "no seas débil o flojo". ¡Claro que no! Lo único importante, te repito, en ese momento es que nuestros hijos estén bien, y un buen padre se lo hace saber. Para nuestro Padre celestial es igual, ningún trabajo ministerial, ni siquiera un llamado va por encima antes de que estemos bien física o emocionalmente.

Esto puede ser un tema que tal vez no muchos estén de acuerdo, pero nuestro Dios no fue a la cruz por ningún ministerio o ningún llamado. Él pagó el precio de nuestros pecados y el castigo de nuestra paz fue sobre Él (*Ref. Isaías 53:5*). Entonces alguien que no escatimó ni a su propio hijo por amor, jamás podrá anteponer ninguna otra cosa.

Si volvemos a la historia y al momento que estaba viviendo el profeta Elías, vemos el ejemplo de lo que estamos hablando. Elías es conocido como uno de los más coloridos de todos los profetas de Israel. Su nombre significa: "Jehová es mi Dios". Un hombre acostumbrado a ver la gloria de Dios en su vida casi de forma constante. Pero también uno que se conoce como un hombre que sufrió ataques de depresión y de dudas acerca de su capacidad. Aun así, en sus momentos de crisis, mostró un valor personal asombroso. Lo que nos recuerda una vez más que no estamos excentos de experimentar los frutos de nuestra humanidad en algún momento de nuestra vida. Si recordamos qué pasó antes de que Elías tuvo que ser alimentado por el Señor, vemos que fue una gran victoria, lo último que había vivido. El ya famoso pasaje de la "Victoria en el monte Carmelo". Retó a 400 profetas a que probaran que Baal era el Dios verdadero y a su vez él haría lo mismo.

La victoria en el monte Carmelo:

Entonces Acab convocó a todos los hijos de Israel, y reunió a los profetas en el monte Carmelo.

"²¹Y acercándose Elías a todo el pueblo, dijo: ¿Hasta cuándo claudicaréis vosotros entre dos pensamientos? Si Jehová es Dios, seguidle; y si Baal, id en pos de él. Y el pueblo no respondió palabra. ²²Y Elías volvió a decir al pueblo: Sólo yo he quedado profeta de Jehová; mas de los profetas de Baal hay cuatrocientos cincuenta hombres.

²³Dénsenos, pues, dos bueyes, y escojan ellos uno, y córtenlo en pedazos, y pónganlo sobre leña, pero no pongan fuego debajo; y yo prepararé el otro buey, y lo pondré sobre leña, y ningún fuego pondré debajo. ²⁴Invocad luego vosotros el nombre de vuestros dioses, y yo invocaré el nombre de Jehová; y el Dios que respondiere por medio de fuego, ese sea Dios. Y todo el pueblo respondió, diciendo: Bien dicho".

Elías, una vez más vio el respaldo de Dios. Lo que ocurrió allí fue demasiado significativo para que el Dios verdadero fuera glorificado. Jehová Dios consumió el holocausto. Y Elías degolló a los profetas de Baal.

"³⁸Entonces cayó fuego de Jehová, y consumió el holocausto, la leña, las piedras y el polvo, y aun lamió el agua que estaba en la zanja. ³⁹Viéndolo todo el pueblo, se postraron y dijeron: ¡Jehová es el Dios, Jehová es el Dios! ⁴⁰Entonces Elías les dijo: Prended a los profetas de Baal, para que no escape ninguno. Y ellos los prendieron; y los llevó Elías al arroyo de Cisón, y allí los degolló".

Pero hablemos de lo que sucedió después. Este mismo hombre lleno de la unción de Dios y testigo de su poder puso oído al mensaje de Jezabel.

"¹Acab dio a Jezabel la nueva de todo lo que Elías había hecho, y de cómo había matado a espada a todos los profetas. ²Entonces envió Jezabel a Elías un mensajero, diciendo: Así me hagan los dioses, y aun me añadan, si mañana a estas horas yo no he puesto tu persona como la de uno de ellos". **1 de Reyes 19:1-2**

El temor se apoderó del profeta logrando intimidarlo a tal punto que salió huyendo. El hombre que sabía que lo único que lo hacía ser fuerte y que cualquier manifestación de poder solamente era por medio del Dios a quien le servía. Y es que hay momentos en nuestra vida en que el temor toca la puerta no importa lo que hayamos vivido antes ni cuánta gloria hayamos visto. Nuestra vida depende enteramente de Dios. Elías comenzó a huir ante la amenaza de muerte que había recibido.

"³Viendo, pues, el peligro, se levantó y se fue para salvar su vida, y vino a Beerseba, que está en Judá, y dejó allí a su criado. ⁴Y él se fue por el desierto un día de camino, y vino y se sentó debajo de un enebro; y deseando morirse, dijo: Basta ya, oh Jehová, quítame la vida, pues no soy yo mejor que mis padres. ⁵Y echándose debajo del enebro, se quedó dormido; y he aquí luego un ángel le tocó, y le dijo: Levántate, come". 1 Reyes 19:3-5

Fue entonces que el Dios Padre visitó a su hijo. Allí estaba su siervo tembloroso y lleno de miedo. Dios quería llevarlo hasta el Monte Horeb, el monte de Dios. Esto tipifica su presencia. Pero primero tenía que levantarlo. Debía hacerle sentir sus cuidados, que además de ser su instrumento, también era su hijo. Es que nuestro Dios no se olvida de quiénes somos para Él. No un Dios insensible, que no se compadece de nuestras debilidades. No fue y le reclamó diciéndole: "¿Qué te pasa, no confías en mí, o no has visto todo lo que he hecho antes?". No, por supuesto que no. Comenzó por suplir sus necesidades básicas, alimentarlo. Sabes que cuando estamos tristes y deprimidos, lo primero que dejamos de hacer es comer. De hecho los médicos que tratan a las personas en el área emocional es lo primero que te preguntan, "¿estás comiendo bien?". Así que eso fue lo primero que tomó en cuanta nuestro Padre. "Levántate y come". No lo levantó para ninguna otra cosa, solo para comer y alimentarle. Había caminado mucho, estaba agotado y en depresión. Lo levantó una primera vez, comió y bebió, volvió a dormirse. El trato de un Padre amoroso, preocupado por su hijo. Lo levantó una segunda vez, y en esa segunda vez le dijo: "Levántate y come, porque largo camino te resta" (*Ref. 1 Reyes 19:5-7*). Ya esa segunda vez Elías estaba listo, necesitaba escuchar que no era el final. Nosotros igual, en el momento de la crisis necesitamos escuchar la voz del Padre que nos diga, "No es el final". Nada ni nadie podrá detener lo que yo me propuse hacer contigo. Pero él sabe cuándo estás listo para escucharlo.

Versos 6-8

"⁶Entonces él miró, y he aquí a su cabecera una torta cocida sobre las ascuas, y una vasija de agua; y comió y bebió, y volvió a dormirse. ⁷Y volviendo el ángel de Jehová la segunda vez, lo tocó, diciendo: Levántate y come, porque largo camino te resta. ⁸Se levantó, pues, y comió y bebió; y fortalecido con aquella comida caminó cuarenta días y cuarenta noches hasta Horeb, el monte de Dios".

Fue fortalecido por aquella comida, era realmente alimentar su cuerpo lo necesitaba para poder continuar y llegar al Monte, a la presencia del Señor. Fíjate bien que caminó cuarenta días y cuarenta noches. Y luego llegó y se metió en una cueva (*Ref. 1 Reyes 19:8*). Anímicamente todavía estaba mal, pero el objetivo del Padre se cumplió, era fortalecerlo físicamente para que siguiera caminando, que estuviera bien para poder seguir tratando con Él. Esta parte de la historia de la vida del profeta nos enseña que nuestro Dios no nos usa o nos considera solamente por lo que podemos hacer para Él. Nuestro bienestar, como buen Padre, le importa, él quiere y por supuesto necesita que estemos bien físicamente. En aquel momento su mirada estuvo concentrada en que el profeta recuperara, que estuviera bien alimentado e hidratado para que pudiera proseguir su camino, y lo hizo.

Piensa: *No sé como habías leído estos versos anteriormente y qué habías entendido por medio de ellos. Pero es bueno que sepamos y recordemos que nuestro Dios nos ama y que se preocupa porque estemos bien sobre todas las cosas. Nada es más importante para Él, escucha, nada. Él nos llama a cuidar nuestra salud y ser diligentes con nuestra alimentación. Que no descuidemos nuestras horas de descanso como un hábito. Él nos necesita sanos para poder usarnos para su gloria.*

Martita Soto

Las demandas de la corona

Se enojó el rey Asuero por causa de la incomparecencia de la Reina Esther al banquete. El tema de un Congreso dirigido a las damas me inspiró a escribir este capítulo. Por supuesto debo aclarar que no está dirigido solo a las damas. El tema del congreso era "Coronadas por el rey". Quiero aclararlo porque la palabra establece que todos seremos coronados por el rey una vez nos toque, cuando culminemos nuestra estadía aquí en la tierra. Es una promesa para aquellos que le aman. Varios versículos que lo confirman.

"Bienaventurado el varón que soporta la tentación; porque cuando haya resistido la prueba, recibirá la corona de vida, que Dios ha prometido a los que le aman". Santiago 1:12

"Por lo demás, me está guardada la corona de justicia, la cual me dará el Señor, juez justo, en aquel día, y no sólo a mí, sino también á todos los que aman su venida". 2 Timoteo 4:8

"No tengas ningún temor de las cosas que has de padecer. He aquí, el diablo ha de enviar algunos de vosotros a la cárcel, para que seáis probados, y tendréis tribulación de diez días. Sé fiel hasta la muerte, y yo te daré la corona de la vida". Apocalipsis 2:10; **Reina Valera 1960**

Pero la realidad es que este reinado terrenal y el eterno tienen unas demandas pero también es uno rico en bendiciones. También es cierto que en todos sus mensajes Jesús utilizó nuestro mundo natural para poder entender el espiritual. Es que ambos caminan tomados de la mano. Esto es algo que practico todo el tiempo, de hecho, lo menciono en alguno de mis capítulos. Cuando comencé a desarrollar este tema esta fue la visión que tuve de parte del Espíritu Santo. Una que todos, en algún momento hemos tenido la oportunidad de ver, y me refiero al de la coronación de una reina de belleza. Le colocan la cinta que la identifica como la nueva representante, un arreglo de flores gigantesco y por último la corona, que por lo general se quita la reina anterior, anunciando que su tiempo terminó. "Confetti" que cae por todo el escenario, lágrimas de emoción, y su primer desfile como la nueva soberana. ¡Qué momento, cuánta emoción! Esos minutos le deben parecer eternos. Para los espectadores y sus compañeras del reinado todo terminó ahí. Esta joven que ganó es galardonada con un sin número de premios. Pero también aceptó con todos esos premios, las demandas que tiene la corona que llevará sobre su cabeza por un término de un año. ¿Cuántos fueron conmigo a esta escena? Estoy segura que todos. Esto es exactamente lo que sucede con nosotros los hijos del rey, quienes hemos aceptado la corona que ha sido puesta en nuestras cabezas cuando venimos a Cristo.

Vamos a recordar ahora la emoción de aquel momento. Hubo una gran fiesta, pero en el cielo, la palabra dice: "que hay fiesta en los cielos cuando un pecador se arrepiente" (*Ref. Lucas 15:10*). Tu familia hizo fiesta; me imagino esos intercesores celebrando, declarando la fidelidad de Dios. Tu primera experiencia de gozo verdadero, ¿qué es esto que estoy sintiendo? Te puedes imaginar ese narrador celestial declarando toda clase de bendiciones sobre ti y tu casa. "Hoy aceptaste a Cristo como tu salvador personal, él te va a bendecir porque la corona que ha sido puesta sobre tu cabeza te hace merecedor de las bendiciones que solo han sido reservada para los hijos". Y tu ahí, ¡wow!, llorando, riendo, saltando, casi al desmayo, pero en esta ocasión de alegría.

Entonces las reinas, los reyes que fueron recién coronados, se fueron felices a sus hogares a descansar y comenzar a vivir lo que podemos llamar su nueva vida en Cristo. Pero en muchas ocasiones nos enfocamos solamente en hablar de las bendiciones que trae consigo esta corona y por supuesto que esto es importante. De hecho, son nuestra motivación. Dios ha prometido bendecirnos si vivimos una vida conforme a las normas del reino. Esa corona sobre nuestra cabeza, ¿que representa? Te menciono algunas de ellas: *bendiciones en todas las áreas de tu vida, beneficios, puertas abiertas, oportunidades, reconocimiento, distinción, autoridad, entre otras.*

Pero qué tal si hablamos de aquellas con las que se enfrenta la nueva soberana o el nuevo soberano, luego de la noche maravillosa de su reinado. También están ahí lo que se llaman **"demandas de la corona".** Para poder volver a ser coronados a nuestra llegada al cielo, debemos vivir con la responsabilidad de haber sido coronados por el rey aquí en la tierra.

¿De cuáles demandas estamos hablando? ¿Cómo debe ser el estilo de vida del hijo de un rey? Es importante, como punto número uno, entender que la corona nos da *una posición de privilegio*, y por supuesto nos convierte en *personas de autoridad en Dios* y que esa palabra que sale de nuestra boca tiene que ser obedecida en el mundo espiritual.

El enemigo sabe quién hace honor a su corona, él los puede reconocer sin mucho esfuerzo. Sabe si eres quien dices ser. Somos llamados a tomar con responsabilidad nuestro reinado. No podemos tomar livianamente quienes somos en Dios.

Si vamos al pasaje de Esther, vemos que el rey Asuero destituye a la reina Vasti porque no se presentó cuando él la mando a llamar. La palabra dice que su corazón ya estaba contento, o sea ebrio, y quería que todos vieran a la reina Vasti, y exhibirla porque era hermosa. Leamos estos versos:

"¹Aconteció en los días de Asuero, el Asuero que reinó desde la India hasta Etiopía sobre ciento veintisiete provincias, ²que en aquellos días, cuando fue afirmado el rey Asuero sobre el trono de su reino, el cual estaba en Susa capital del reino, ³en el tercer año de su reinado hizo banquete a todos sus príncipes y cortesanos, teniendo delante de él a los más poderosos de Persia y de Media, gobernadores y príncipes de provincias, ⁴para mostrar él las riquezas de la gloria de su reino, el brillo y la magnificencia de su poder, por muchos días, ciento ochenta días. ⁵Y cumplidos estos días, hizo el rey otro banquete por siete días en el patio del huerto del palacio real a todo el pueblo que había en Susa capital del reino, desde el mayor hasta el menor. ⁶El pabellón era de blanco, verde y azul, tendido sobre cuerdas de lino y púrpura en anillos de plata y columnas de mármol; los reclinatorios de oro y de plata, sobre losado de pórfido y de mármol, y de alabastro y de Jacinto. ⁷Y daban a beber en vasos de oro, y vasos diferentes unos de otros, y mucho vino real, de acuerdo con la generosidad del rey. ⁸Y la bebida era según esta ley: Que nadie fuese obligado a beber; porque así lo había mandado el rey a todos los mayordomos de su casa, que se hiciese según la voluntad de cada uno. ⁹Asimismo la reina Vasti hizo banquete para las mujeres, en la casa real del rey Asuero. ¹⁰El séptimo día, estando el corazón del rey alegre del vino, mandó

a Mehumán, Bizta, Harbona, Bigta, Abagta, Zetar y Carcas, siete eunucos que servían delante del rey Asuero, ¹¹que trajesen a la reina Vasti a la presencia del rey con la corona regia, para mostrar a los pueblos y a los príncipes su belleza; porque era hermosa. ¹²Mas la reina Vasti no quiso comparecer a la orden del rey enviada por medio de los eunucos; y el rey se enojó mucho, y se encendió en ira. ¹³Preguntó entonces el rey a los sabios que conocían los tiempos (porque así acostumbraba el rey con todos los que sabían la ley y el derecho; ¹⁴y estaban junto a él Carsena, Setar, Admata, Tarsis, Meres, Marsena y Memucán, siete príncipes de Persia y de Media que veían la cara del rey, y se sentaban los primeros del reino); ¹⁵les preguntó qué se había de hacer con la reina Vasti según la ley, por cuanto no había cumplido la orden del rey Asuero enviada por medio de los eunucos. ¹⁶Y dijo Memucán delante del rey y de los príncipes: No solamente contra el rey ha pecado la reina Vasti, sino contra todos los príncipes, y contra todos los pueblos que hay en todas las provincias del rey Asuero. ¹⁷Porque este hecho de la reina llegará a oídos de todas las mujeres, y ellas tendrán en poca estima a sus maridos, diciendo: El rey Asuero mandó traer delante de sí a la reina Vasti, y ella no vino. ¹⁸Y entonces dirán esto las señoras de Persia y de Media que oigan el hecho de la reina, a todos los príncipes del rey; y habrá mucho menosprecio y enojo. ¹⁹Si parece bien al rey, salga un decreto real de vuestra majestad y se escriba entre las leyes de Persia y de Media, para que no sea quebrantado: Que Vasti no venga más delante del rey Asuero; y el rey haga reina a otra que sea mejor que ella. ²⁰Y el decreto que dicte el rey será oído en todo su reino, aunque es grande, y todas las mujeres darán honra a sus maridos, desde el mayor hasta el menor. ²¹Agradó esta palabra a los ojos del rey y de los príncipes, e hizo el rey conforme al dicho de Memucán; ²²pues envió cartas a

todas las provincias del rey, a cada provincia conforme
a su escritura, y a cada pueblo conforme a su lenguaje,
diciendo que todo hombre afirmase su autoridad en su
casa; y que se publicase esto en la lengua de su pueblo".

Reina-Valera 1960

Este pasaje nos ilustra que la reina debía obedecer cuando el rey, en este caso, quien también era su esposo, la mandara a llamar. Su falta de **responsabilidad y obediencia** le costó su reinado, y la corona a la reina Vasti. Entendiendo el rey y su comité de consulta que su acción era un mal ejemplo para las esposas, en término de sujeción a ellos. Es entonces donde entra Esther a esta historia, quien inicialmente fue elegida por su belleza. La palabra dice que en el tiempo que duró la preparación para optar por la corona, ella fue y se presentó delante del rey y fue la elegida, (**Capítulo 2:1-18**).

Esther recibió la corona pero también las demandas. Al otro día del reinado, la nueva soberana, posiblemente dentro de sus responsabilidades, estaba el levantarse muy temprano. Como hijos del rey debemos tener tiempo devocional con él, y cultivar una relación íntima, debemos madrugar a orar, a buscar a Dios con todo nuestro corazón. Debemos ser leales, fieles a lo que representamos, esa es la herramienta de evangelización más poderosa que tenemos. Nuestro testimonio habla más que el más profundo de los mensajes predicados. Es una vida de entrega, de renuncia, Jesús dijo: "El que quiera venir en pos de mí, tome su cruz y sígame", (*Ref. Mateo 16:24*). No se puede ser reyes y reinas si somos egocentristas, si no asumimos una postura de entrega, de disposición y de servicio para ayudar a aquel que lo necesita. Eso fue lo que hizo Jesús, nuestro modelo por excelencia. Él era el hijo de Dios, y fue coronado pero no con una corona de brillantes y diamantes, sino de espinas, (*Ref. Mateo 27:29*).

Para los soldados representó una burla a quien él decía ser, pero para nosotros representa el compromiso de vivir una vida como hijos del reino. Él llevó en esa corona tus diamantes y tus perlas, la que tú vas a llevar eternamente y para que siempre sea hermosa, la que tú mereces que sea.

Vendrán tiempos de desvelos, posiblemente largas noches sin dormir. Pero los hijos del rey hemos sido equipados con todo lo que vamos a necesitar para cumplir con las demandas de nuestro propio reinado. Te ha dado **autoridad, posición, distinción**, y tu Padre es el Rey de Reyes y Señor de Señores. ¿Crees que te puede hacer falta algo más? Solo entender quién eres en Dios.

Piensa: *¿Cuántas bendiciones has recibido desde el momento en que fuiste coronado? ¿Te has posicionado para vivir una vida conforme a las expectativas de tu reinado? Si hasta el día de hoy lo habías entendido, ¡te felicito!, pero si no, te invito a que tomes tu lugar.*

Deja huellas

"Después de esto, (Jesús) salió y se fijó
en un recaudador de impuestos llamado Levi,
sentado en la oficina de tributos, y le dijo: sígueme".
Lucas 5:27

Una hora muy peculiar para escribir, pero aquí estamos en una de esas citas divinas. Son las 2:21 de la madrugada del domingo, y mientras todos duermen el Espíritu Santo habló a mi vida y me dijo: ***"Deja huellas, pero que sean tan profundas que los que vienen detrás de ti deseen seguirte".*** Esto fue tan profundo para mí que tuve en poco sacrificar mi descanso para oír al Padre. Lo primero que me imaginé fue esa tan famosa citada reflexión de las huellas en la arena. Y me podía ver apretando mis pisadas para que en verdad fueran tan profundas que el que viniera detrás de mí no pudiera dejar de verlas. Pero cuando hablamos de huellas y vamos al contexto de lo que en realidad significan las huellas en el mundo natural esto comienza a tener un sentido muy valioso en cuanto a lo espiritual. Podemos comenzar diciendo que las huellas son únicas, o sea que nadie tiene las del otro, es por eso que son una forma de identificación. Cuando se investiga la escena de algún delito, se prohíbe que se limpie o se tenga acceso a ese lugar porque necesitan levantar las huellas de las personas que posiblemente están relacionadas con lo que pasó. Las huellas son una prueba contundente, y si las de alguna persona se encuentran en ese lugar debe tener una buena explicación para que no se le relacione con lo sucedido.

Por eso cuando el Señor nos invita a seguirle lo que nos está diciendo es sigue mis huellas, ni más ni menos. Sus pisadas, por donde él ya caminó de manera tan excelente que no debemos tratar de seguir las de otro porque si lo hacemos seguramente vamos a fallar. La palabra que estuvo presente en el llamado de cada uno de los discípulos de Jesús fue "sígueme". Lo que él quería decir era camina por las huellas que yo voy dejando. En otras palabras, para que no quede duda haz exactamente lo mismo que yo estoy haciendo. Sigue mi modelo. Si Jesús hubiese querido que lo hiciéramos de otra manera no hubiese llamado a doce hombres para capacitarlos. Nunca estuvieron delante del maestro, siempre detrás, porque para poder seguir las huellas de alguien tienes primero que esperar que esa persona pase, o dicho de forma literal, marque sus pisadas.

¿Por qué era tan importante seguirle en aquel tiempo? ¿Por qué lo es ahora? La respuesta es porque ese fue el llamado que nos hizo desde el principio. Él le dijo a sus discípulos y quedó escrito porque nosotros haríamos mayores cosas que las que Él hizo; nosotros en su nombre (*Ref. Juan 14:12-17*). Entonces para poder hacer algo que otro hizo y superarlo debemos aprenderlas. Sus discípulos al igual que nosotros, venimos con un estilo de vida que contradice totalmente el evangelio. Y hasta podríamos decir que habíamos sido personas que con nuestra pasada manera de vivir, marcamos la vida de muchos y hasta nos seguían. Entonces necesitamos comenzar desde cero para que por donde nosotros pasemos el impacto de nuestra nueva vida sea tal que otros sean motivados a dejarlo todo y seguir a Jesús. Ese fue el impacto que Jesús provocó, lo que él tenía era lo que la gente necesitaba, sanidad, restauración, liberación, agua, alimento y sobre todo salvación. ¡Él tenía el paquete completo! Nadie se podía resistir a esa invitación. Aun cuando en ocasiones la invitación era como "el que quiera venir en pos de mí tome su cruz y síguame", (*Ref. Mateo 16:24*).No era realmente una muy alentadora, pero valía la pena seguir al maestro. Puede que muchos nos observen y estén viendo por cuántas pruebas y procesos pasamos. Pero no es esto lo que va a provocar que nos sigan, por supuesto que no, lo que les va a motivar es nuestra actitud ante el peor escenario que podamos estar viviendo. ¿Cómo puedes estar tan tranquilo con todo lo que te está pasando? Es porque sigo las huellas del maestro. Estamos viviendo en un mundo donde las personas tienen un problema muy grave de identidad. Están buscando constantemente con quién pueden identificarse. Por eso los problemas que estamos enfrentando en nuestra sociedad todos giran en torno a lo mismo. La falta de un buen modelaje en los hogares o en ocasiones no hay ninguno. Esto ha provocado que las personas sigan al primero que se cruce en su camino y por ende, sigan sus huellas. Muchas de estas conductas terminan en la mayoría de las desgracias que estamos viviendo a diario en el mundo entero solo porque decidieron seguir a la persona incorrecta. La vida de Jesús, como he dicho en muchas otras ocasiones, fue una escuela. Siendo el maestro comenzó con las lecciones básicas para que hoy pudiésemos estar disfrutando de su poderosa palabra como manual de vida. El problema es que hoy día nadie quiere imitarlo, todos quieren vivir el versículo que dice: "mayores cosas". Hoy día las personas quieren que los sigan a ellos, pero ellos no quieren seguir a Jesús. Lo primero que Jesús enseñó a sus discípulos fue a tener una actitud de humildad; debían reconocer todos los días de su vida que sin Él eran incapaces de hacer nada. Nosotros debemos entender que uno que sigue al maestro no puede hacer nada sin Él, pero para eso es importante e indispensable ser humilde y seguir sin desviarse ni a izquierda ni a derecha de sus huellas.

Martita Soto

Cuando hemos estudiado quién y cómo era Jesús no es difícil identificar quién sigue sus huellas y quién no. Igual pueden identificar a aquellos que no le sirven al Señor. Las personas saben quiénes realmente son discípulos del maestro. Porque está en ellos la necesidad de seguirle. Saben por medio de su estilo de vida si viven el evangelio que predican. No sé si te ha sucedido alguna vez que te dicen: "Ella dice que es cristiana, pero no parece". A mí sí me ha sucedido y siéndote honesta, me entristece. Hemos sido llamados a dar el ejemplo y provocar que otro anhele lo que nosotros tenemos; el gozo del Señor a pesar de lo que podamos estar viviendo, la paz que sobrepasa todo entendimiento, fe ante cualquier circunstancia. Debemos dejar huellas tan reales como hombres y mujeres de Dios, que las personas quieran conocer al Dios que nosotros le servimos. Cuando vine a los pies de Cristo, buscaba el Dios que mi hermano predicaba que sanaba y libertaba. Quería conocer al Dios que la maestra de primer grado de mi hijo le servía, ese que hacía que ella me amara como yo era, que me abrazaba cada mañana cuando iba a llevar a mi hijo al colegio. Yo quería saber quién era el que había pasado por mi casa un día y estaba transformando mi familia. Yo quise un día seguir las huellas de aquellos que habían decidido seguir a Jesús y que me daban testimonio con sus vidas.

Es a esto a lo que hemos sido llamados. Tus huellas, al igual que en el mundo natural, deben de identificarte, deben ser tu prueba de autenticidad. Que cuando tú cruces o pases por la vida de alguien indiscutiblemente tenga que decir: "Ella o él pasó por aquí porque sus huellas son inconfundibles y únicas, no existe ninguna posibilidad de equivocación, son las huellas del maestro por medio de su vida". Esto merece un ¡wow! poderoso.

Si retomamos el versículo inicial es lo que todavía hace esto más interesante. El llamado de Jesús a Mateo (Leví) de seguirle.

²⁷Después de estas cosas salió, y vio a un publicano llamado Leví, sentado al banco de los tributos públicos, y le dijo: Sígueme. ²⁸Y dejándolo todo, se levantó y le siguió. ²⁹Y Leví le hizo gran banquete en su casa; y había mucha compañía de publicanos y de otros que estaban a la mesa con ellos. ³⁰Y los escribas y los fariseos murmuraban contra los discípulos, diciendo: ¿Por qué coméis y bebéis con publicanos y pecadores? ³¹Respondiendo Jesús, les dijo: Los que están sanos no tienen necesidad de médico, sino los enfermos. ³²No he venido a llamar a justos, sino a pecadores al arrepentimiento". Lucas 5:27-39

Quiero que observes con detenimiento esta escena, un llamado a seguirle y la primera enseñanza fue aceptar la invitación a un banquete en su casa. Este hombre estaba agradecido con Jesús por escogerlo para su servicio y lo primero que hizo fue ofrecerle la entrada a la intimidad de su casa. Por supuesto, no había cambiado nada en la vida de este hombre. Lo único nuevo en su vida era que había aceptado la invitación de Jesús a seguirle. Pero su núcleo de amistades era el mismo, lo único que era diferente era él, desde el momento que le dijo sí a Jesús. Dice que había mucha compañía de publicanos y pecadores y de otros que estaban en la mesa. Creo que había muchos con hambre y no precisamente de comida. Muchos otros también en necesidad de seguir a Jesús. Así que Jesús aprovecho esta oportunidad para darle a su nuevo discípulo la primera lección. Esto fue lo que dijo ante la murmuración: Dos pequeñas, pero profundas enseñanzas: "Los que están sanos no necesitan sanidad y no he venido a salvar justos sino pecadores". Quiso decir: "vine a dejar huellas y a enseñarles a ustedes a dejarlas". De aquí en adelante Mateo dejó de ser quien había sido, para comenzar a ser quien Jesús quería que fuera, su discípulo. Y todos lo que

Martita Soto

estaban allí reunidos quedaron marcados por las palabras del Maestro. No solo dijo a lo que había venido para que Mateo entendiera para lo que estaba siendo llamando sino que una vez más fue de la teoría a la práctica.

Piensa: *Yo quiero dejar huellas en la vida de otros, como algunos lo hicieron en mí. ¿Notaste que dije "algunos"?, es parte del piensa. Nunca olvidaré y mucho menos tendré para pagarle lo que hicieron por mí sus huellas. Escribo todo lo que mi Señor deposita en mi corazón confiando que dejaré huellas en tu vida. Ahora te pregunto: ¿y tú, estás viviendo para hacerlo? Te invito a pensar en esto. No pierdas el tiempo, disfruta de este gran privilegio, dile a todos con lo que haces, ¡sígueme, yo sigo al maestro!*

La inyección

"Entonces le respondió Pedro, y dijo: Señor, si eres tú, manda que yo vaya a ti sobre las aguas".
Mateo 14:28

En estos tiempos se resuelven y se previenen muchas de las condiciones de salud con una inyección. Las famosas vacunas para los niños y hasta la tan recomendada vacuna para prevenir la influenza que antes se llamaba "gripe". La realidad es que muchos de nosotros hasta las preferimos porque si estamos enfermos con un par de estas dolorosas agujas (por supuesto con medicamento), ya quedamos como nuevos. Es porque el efecto actúa más rápido que cuando usamos un medicamento vía oral. Nuestro deseo es sanarnos porque a nadie le gusta estar enfermo. Te cuento que esta comparación la recibí del Señor en una de esas tardes durante mis quehaceres. ***"Todos los días, me decía, yo trabajo para inyectarte, pero Fe".*** No es posible vivir sin ella. Entonces no está mal orar para que aumente nuestra fe día a día. Observa el ejemplo de la inyección en tu vida previene o te cura. La fe tiene la misma función, sirve para **prevenir, avisarte, revelarte** y te sirve para **sanarte, restaurarte, libertarte.** Por eso es que necesitas que tu fe sea mayor cada día. Aunque no te conozca puedo probarte con varias preguntas cuánto el Señor ha trabajado en los últimos años con tu vida para hacerte un hombre o una mujer de fe. Nos tomará solo unos minutos. ¿Dónde estabas el año pasado para esta misma fecha? ¿Qué le estabas pidiendo al Señor, para este mismo tiempo? ¿Te contestó? ¿En el último año cuántas de las oraciones que le has estado haciendo al

Martita Soto

Señor han sido contestadas? ¿Cambiaste de empleo? ¿Te dio esa casa que tanto anhelabas y como querías que fuera? Terminó nuestro "quiz" o prueba corta.

¿Estás de acuerdo conmigo? Durante cuánto tiempo has estado recibiendo esa inyección de fe de parte de Dios. Todos los días de tu vida, Él lo hace. Él quiere y necesita que le creas. La palabra dice que si tú vieras fe como un granito de mostaza le dirías a ese monte quítate y échate a la mar (*Ref. Lucas 17:6*), pero la realidad es que Nuestro Dios no quiere que tu fe permanezca de ese tamaño, él quiere que crezca cada día más y más.

Hombres y mujeres de fe no se limitan por lo que ven sino que caminan mirando el tamaño del Dios a quien le sirve. Igualmente no son de los que miran sus recursos, con lo que cuentan, sino que su mirada está puesta en los tesoros de incalculable valor que hay en los cielos para el cumplimiento de los sueños que Dios ha depositado en su corazón.

Hoy anda buscando alguien que le diga como Pedro, si eres tú, has que camine sobre las aguas. No sé cómo habías visto a Pedro en este pasaje, pero yo lo veo como alguien que quería ver cosas grandes en nombre de la fe, independientemente de su resultado. Acompáñame al pasaje por un momento.

"²²En seguida Jesús hizo a sus discípulos entrar en la barca e ir delante de él a la otra ribera, entre tanto que él despedía a la multitud. ²³Despedida la multitud, subió al monte a orar aparte; y cuando llegó la noche, estaba allí solo. ²⁴Y ya la barca estaba en medio del mar, azotado por las olas; porque el viento era contrario. ²⁵Mas a la cuarta vigilia de la noche, Jesús vino a ellos andando sobre el mar. ²⁶Y los discípulos, viéndole andar sobre el mar, se turbaron, diciendo ¡Un fantasma! Y dieron voces de miedo. ²⁷Pero en seguida Jesús les habló, diciendo ¡Tened

ánimo; yo soy, no temáis!".

En este momento vemos el escenario listo para la inyección del día. Jesús envía a sus discípulos delante. Váyanse en la barca, yo los alcanzo; (despidió a la gente, de hecho era una multitud) y después me voy a orar, nos vemos más tarde. Quizás pensaron, solo un poco de humanidad, nos llevamos la barca, ahí tomará otra prestada. Pero nada de eso, se levantó el mal tiempo, y Jesús aparentemente no estaba, ni siquiera cerca. Dime que ya eres parte de este escenario. Yo hace rato que entré. Piensa que este mal tiempo es el problema inesperado, la pérdida del trabajo, una mudanza, el esposo abandonó el hogar; ponle el nombre a tu mal tiempo. Es en ese momento que necesito que llegue Jesús a aumentar mi fe. No lo estás viendo en eso que te está pasando. La buena noticia es que es eso exactamente lo que Él va a hacer. Aparecer y hacer lo que tú menos esperas porque él necesita que tu fe crezca más y más cada día. Tú necesitas verlo caminar sobre las aguas, pero para eso tú también tienes que caminar en lo sobrenatural.

La palabra dice que ellos se turbaron y esto es más que miedo. ¿Te has sentido turbado en algún momento de tu vida? Es que lo que te provoca es salir corriendo para escapar de lo que te está produciendo esta sensación. ¿Pero hacia dónde? Tu fe aumenta cuando escuchas su voz que te dice: "no temas, yo soy". Ese fue el primer "shot de fe" que recibieron. Pero Pedro, nuestro amigo, no se conformó con eso. Él le habló a esa silueta que en un momento determinado les asustó. Le dijo:

"28*Entonces le respondió Pedro, y dijo: Señor, si eres tú, manda que yo vaya a ti sobre las aguas*".

Esa petición de Pedro fue un "reconozco que tú eres el único que tiene el poder para no solamente caminar sobre las aguas sino para decirme a mí que también lo haga".

Por eso ante esta petición vino el Ven. Y descendiendo Pedro de la barca, andaba sobre las aguas para ir a Jesús (*Ref. Verso 29*).

Ese era el efecto que Jesús quería que tuvieran en ese aparente "mal tiempo" en sus vidas. Tenía como único propósito aumentar su fe. Estos hombres, sus discípulos fueron llamados a impactar el mundo, y no lo iban a poder hacer sino caminaban sobre las aguas siempre. Nosotros también hemos sido llamados a impactar al mundo, y nuestra fe es nuestro combustible. El caminar sobre las aguas de este capítulo representa una fe inquebrantable que no está sujeta a las circunstancias que estemos viviendo sino basada en la palabra del Dios que le servimos. Él siempre va estar trabajando con cada uno de nosotros para que caminemos en lo sobrenatural.

Quizás estés pensando, pero este pasaje no terminó así, Pedro nuestro amigo se hundió, le faltó fe. Sí, le faltó fe, está demasiado claro en este pasaje, de hecho Jesús mismo le llamó hombre de poca fe, y le dijo, ¿por qué dudaste? Y es porque la duda es lo contrario a la fe y cuando le damos entrada es como si rompiera una frágil pared de cristal que al menor contacto con algo se desvanece. Lo hermoso de todo esto es que estamos en un proceso de crecimiento constante y que aunque en algún momento la duda quiera visitarnos y hasta logre hundirnos nuestro Dios siempre extenderá su mano para rescatarnos y volver a repetirnos las veces que sea necesario, "¡Ten fe! ¡Soy yo! ¡No dudes!".

Piensa: *¿Qué concepto tenías de la fe hasta el día de hoy? Después de hoy pedirás "la inyección" de manera preventiva y para sanarte. Nuestro Dios quiere que le pidas como Pedro, si eres tú haz que camine sobre las aguas él te dice hoy, ¡Ven!*

Activa tu milagro

"...mientras él les decía estas cosas, vino
un hombre principal y se postró
ante él, diciendo: mi hija acaba de morir;
mas ven y pon tu mano sobre ella y vivirá".
Mateo 9:18

Un día en mi habitación, hace dieciocho años, encontré lo que todos buscan con desesperación. ¿Cómo puedo ver un milagro en mi vida? Recuerdo que había llegado el momento de aceptar a Jesucristo como mi salvador personal. Mi vida emocional era un total desastre. No podía seguir viviendo sin Él. Tenía todo lo que necesitaba para ser feliz; lo que el hombre sin Dios conoce como felicidad. Pero yo no lo era. Había sido controlada por muchos años por una fuerte adicción al cigarrillo. (Les estoy abriendo mi corazón). Sabía que esto estaba acortando mi vida, porque si no era libre de esto que me controlaba, no vería a mi hijo llegar a su edad adulta y mucho menos a mis nietos. Nunca iba a dejarlo si no reconocía mi incapacidad delante de aquello a lo que le abrí la puerta libre y voluntariamente, pero que en aquel momento me controlaba.

En mi vida reinaba una angustia muy grande y sobre todo la impotencia. No podía cambiar aquel escenario de mi vida aunque lo deseaba con todo mi corazón. *"Eran mis lágrimas mi pan de día y de noche...", como decía el salmista* (Ref. *Salmo 42:3*).

¿Qué podía hacer para que mi vida fuera diferente, para

activar el milagro que necesitaba? En el fondo de mi corazón, conocía la respuesta. Tenía que rendirme ante el hacedor de milagros. Pero me costaba hacerlo. Luchaba con la cantidad de pensamientos que subían a mi mente. Si le entregas tu vida a ese Dios de quien te han hablado tanto, ¿qué va a ser tu vida de ahora en adelante? ¿Cómo te vas a enfrentar a todos esos cambios? ¿Tu familia, tus amistades, que le vas a decir? ¿Nunca podrás cambiar? Solo algunos de ellos.

Esa palabra rendirse, es clave para que podamos ver a Dios obrando en nuestra vida y ver el milagro que tanto necesitamos. La palabra dice que la hija del hombre principal se le acercó a Jesús y le dijo: "mi hija acaba de morir, pero si pones tu mano sobre ella, vivirá". Él no tiene límites, cuando se terminan nuestras posibilidades, él comienza su plan perfecto. Cuando comenzamos a creer en su poder, a ir delante de su presencia con otra actitud, él cambia todo diagnóstico médico, él hace en un instante lo que tú no has podido hacer en toda una vida. Lo que te ha llevado a hacer a ti por años, se resuelve en un instante. Él es el hacedor de milagros. Pero tu milagro se activa con tu rendición.

"Yo no puedo", esas fueron mis palabras postrada delante de su presencia. Con un llanto profundo, en humillación reconociendo que solo Él tenía el poder para hacerme libre, busqué lo que en aquel momento desconocía, tocar su corazón. Le dije: "No puedo más, sola no puedo, si quieres que sea libre de esto que me ata, hazlo tú porque yo no puedo". Fueron las palabras que activaron mi milagro. No podía hacerlo. Estaba muriendo de angustia, mis emociones estaban destrozadas. Era una total infeliz. Solo Dios podía transformar mi vida, y él quería hacerlo. Así que todo estaba a mi favor en aquel momento y siempre. También lo está a tu favor. Él quiere que le reconozcas y le dejes obrar. Está en ti el poder para activar tu milagro. Nosotros nada podemos hacer si no le damos el lugar que le corresponde a Dios.

Las personas viven por años queriendo hacer las cosas solos. Y muchos alcanzan el éxito, pero no la felicidad. Cuando reconocemos que solo porque Él es bueno, que nos da vida, podemos hacer todas las cosas, solo así conoceremos la verdadera felicidad.

Jairo, como se llamaba el hombre que fue a buscar a Jesús para que sanara a su hija, vio el fruto de su gestión completado. Dice la palabra: ***"Al entrar Jesús en la casa del principal, viendo a los que tocaban flautas y hacían alboroto, les dijo: Apartaos porque la niña no está muerta, sino que duerme. Y se burlaban de Él. Pero cuando la gente había sido echada fuera, entró, y tomó de la mano a la niña y ella se levantó"***. Mateo 9:25.

Esto nunca falta, podemos identificarnos todos con este momento. Pasa en las funerarias, todas las personas reunidas en el momento del duelo. Tal vez no todas de fiesta, pero sí un gran numero en su asunto. Unos aprovechando el momento para saludar a aquellos que hace mucho que no ven. Se oye la algarabía, y muchas carcajadas de una esquina y de otra que te hacen preguntarte, ¿realmente vinieron a acompañar a la persona en duelo? En fin, este fue el escenario que encontró Jesús. Hasta que Jesús dijo: *"la niña no esta muerta"*. Quiero, como siempre, invitarte a entrar a escena, ¿te imaginas el silencio que tuvo que haber producido aquellas palabras. "¿Qué es lo que está diciendo éste?". Sus rostros se miraron los unos a los otros, para luego burlarse de sus palabras. Hay tantas formas de burlarse. Se rieron, profirieron palabras, tal vez le llamaron loco. Pero eso no detuvo lo que Jesús iba a hacer. Jesús fue movido por la invitación de Jairo. Él dijo: "Si tú la tocas vivirá". ¡Aleluya! ¡Poderoso!

El milagro fue posible gracias a la fe de Jairo, el padre de la niña. Todo el que no tuviera fe en aquel lugar tuvo que salir fuera para que entonces Jesús pudiera entrar. Hay personas que son obstáculo para que tu milagro se active. Jesús los identifica y no les permite estar, ni ser parte. Ellos mismos se excluyeron de ser parte de este momento glorioso. En una ocasión, llegando a la escuela de mi nieta, uno de los maestros me llamó y me pidió orara por una niña que tenía un diagnóstico médico poco alentador. Ellos le habían enviado a hacer un estudio y los resultados decían que había una masa en su cerebro. Todos estaban muy tristes y sin fuerzas para continuar. Entonces, en aquel momento recordé este pasaje. Hice exactamente lo mismo, en esta ocasión pregunté: ¿quién cree que Jesús puede hacer un milagro? Todos dijeron que sí. También dije: "si alguno no tiene fe para creer le voy a pedir que salga". *Poco tiempo después recibí la noticia de que el tumor de la niña había desaparecido. ¡Dios hizo el milagro aquel día!*

Es importante tu actitud ante lo que puedas estar pasando. No debes ser tú mismo el obstáculo que desactive tu milagro. Dios quiere bendecirte, solo tienes que acercarte a Él creyendo y confesando que él es el único capaz de hacer lo que tú no puedes.

Yo me acerqué a su trono de gracia y fui libre. Hoy otros creen y le confiesan porque se difundió la fama de esto que él hizo en mi vida.

Piensa: *¿Qué necesitas que Él haga en tu vida hoy? Solo acércate creyendo que Él puede hacerlo. ¡Activa tu milagro!*

En nombre del amor

"...y ahora permanecen la fe, la esperanza y el amor,
estos tres; pero el mayor de ellos es el amor".
2 Corintios 13: 13

Hablar del amor debería de ser un tema tan hermoso, y ciertamente lo es. Pero qué tal si hablamos de las cosas que hacemos o decimos en nombre del amor. Durante varios años de mi vida estuve rodeada de muchas personas de las que aprendí muchas cosas buenas y con quienes viví cosas no tan buenas. Entre esas no tan buenas nace el tema de este capítulo. No sé si en alguna ocasión has experimentado que alguien te diga: "Hago esto porque te amo", o "te digo esto porque te amo". Pues yo sí, y en muchas ocasiones. Lo más fuerte de todo esto es que lo recibía como una verdad absoluta. Y es precisamente ahí donde está el error, esto no es absolutamente cierto, porque hay cosas que se dicen en nombre del amor y pueden dañarnos y lo peor de todo es que logran tergiversar la hermosa y poderosa definición que tiene la palabra amor. Claro, no puedo dejar de aclarar, que sí es cierto que podemos amonestar, dar un buen consejo y hasta una crítica, y todo puede decirse con amor y con una motivación correcta y sana. Pero qué tal cuando se utiliza esta frase como excusa para decir todo lo quieras y al final, (como si fuera un sello de legalidad) "todo esto te lo digo o lo hago porque te amo". Mientras que la otra parte quedó destrozada con la barbaridad de cosas que le dijo, "en nombre del amor". El otro ejemplo podría ser cuando se trata de relaciones de pareja, donde en una relación totalmente disfuncional se profesa un amor que se mancilla

Martita Soto

con palabras ofensivas, maltrato emocional y hasta físico y aun así se sella con un "mi amor, tú sabes que yo te amo".

Entonces un día llegué a una conclusión:

¿Dónde estas personas leyeron la definición de amor? Definitivamente nunca la han leído. Me parece que es importante que la repasemos juntos. Lo primero, qué dice el diccionario secular; amor se define como: sentimiento de vivo afecto e inclinación hacia una persona o cosa a la que le desea todo lo bueno. Quiere decir, buscar el bienestar máximo de la otra persona, mejor dicho a quien se le profesa amor. Analizando un poco esta definición del diccionario secular yo soy responsable de mostrarle el amor a la otra parte procurando que todo el tiempo esté bien. Eso es lo que significa bienestar.

Pero qué dice la biblia en **1 de Corintios 13: 1-13**:
"¹Si yo hablase lenguas humanas y angélicas, y no tengo amor, vengo a ser como metal que resuena, o címbalo que retiñe. ²Y si tuviese profecía, y entendiese todos los misterios y toda ciencia, y si tuviese toda la fe, de tal manera que trasladase los montes, y no tengo amor, nada soy. ³Y si repartiese todos mis bienes para dar de comer a los pobres, y si entregase mi cuerpo para ser quemado, y no tengo amor, de nada me sirve. ⁴El amor es sufrido, es benigno; el amor no tiene envidia, el amor no es jactancioso, no se envanece; ⁵no hace nada indebido, no busca lo suyo, no se irrita, no guarda rencor; ⁶no se goza de la injusticia, mas se goza de la verdad. ⁷Todo lo sufre, todo lo cree, todo lo espera, todo lo soporta. ⁸El amor nunca deja de ser; pero las profecías se acabarán, y cesarán las lenguas, y la ciencia acabará. ⁹Porque en parte conocemos, y en parte profetizamos; ¹⁰más cuando venga lo perfecto, entonces lo que es en parte se acabará. ¹¹Cuando yo era niño, hablaba como niño, pensaba como niño, juzgaba como niño; mas

cuando ya fui hombre, dejé lo que era de niño. ¹²Ahora vemos por espejo, oscuramente; mas entonces veremos cara a cara. Ahora conozco en parte; pero entonces conoceré como fui conocido. ¹³Y ahora permanecen la fe, la esperanza y el amor, estos tres; pero el mayor de ellos es el amor".

1 Corintios 13:2 Mt. 17.20; capítulo 21.21; Mr. 11.23. Reina-Valera 1960 (RVR1960)

La palabra nos enseña que el amor se define como un sentimiento capaz de sacrificar nuestra propia voluntad precisamente por amor. El apóstol Pablo le habló a la iglesia de Corintio anteponiendo el amor ante cualquier don recibido, alegación de fe o cualquier obra que hombre alguno pueda hacer. Les dijo: "Si no tienen amor de nada les sirve". Llevando al extremo de entregar nuestros cuerpos para ser quemados, si no lo hacemos por amor de nada nos sirve. Esto es como siempre digo, ¡Poderoso! Pero tal pareciera que este pasaje se omite en la vida del cristiano, sobre todo en la iglesia del Señor. Es porque nos cuesta mucho entender que el verdadero amor tiene un sello de autenticidad que solamente lo recibe cuando se practica su definición.

El amor es sufrido, benigno, (buena voluntad, comprensión y simpatía), no es envidioso, no es jactancioso (presume), no se envanece (infunde soberbia y vanidad), no hace nada indebido, no busca lo suyo, no se irrita, no guarda rencor, no se goza de la injusticia, mas se goza de la verdad. Todo lo sufre, todo lo cree, todo lo espera, todo lo soporta. El amor nunca deja de ser.

Para poder dar y recibir el verdadero amor es importante estudiar detenidamente el significado de la palabra que lo describe. Vamos a cuidarnos no solamente de que nos lastimen en nombre del amor, sino que tampoco nosotros lastimemos a otros.

El amor es el responsable de que usted y yo estemos aquí hoy. Alguien llamado Jesús de Nazaret vino a la tierra a morir por cada uno de nosotros y solo lo hizo por amor. Él sufrió, no buscó lo suyo, todo lo soportó, soportó toda clase de humillación para cumplir con su gran encomienda, tu salvación y la mía. El regalo de la vida eterna.

¿Cuántas veces hemos recitado este pasaje bíblico, sin analizarlo si quiera? Puede sonar muy bonito, hasta parece un poema, pero no lo es. La palabra dice que no importa lo que haga, si no tengo amor soy como címbalo que retiñe. En otras palabras, solo hacemos ruido. Y no sé a usted, pero a nadie le gusta el ruido. Imagine nosotros muy afanados en los asuntos del reino, y por no tener el ingrediente principal, no seamos de olor grato al Señor. Este es uno de los errores que cometemos y es que pensamos que existe una justificación de parte nuestra que pueda convencer al Señor para no amar. Es precisamente el porqué la palabra lo lleva a los extremos, no importa lo que hagas, cuánto te esfuerces, cuánto trabajes para mí, si no amas, si no lo haces con amor, no lo recibo. Es importante que entendamos que el único interés de nuestro Dios es que nada nos impida o sea de estorbo en nuestra relación con Él.

¡Estoy segura que él piensa que este capítulo es uno bastante profundo! Veamos.

Piensa: *¿Cuántas veces has lastimado y te han lastimado en nombre del amor? ¿Te habías tomado tiempo para analizar la definición secular y bíblica de la palabra amor? ¿Cómo se une tu trabajo para el reino y el amor? ¿Qué piensas ahora que hemos estudiado juntos, la responsabilidad que tenemos cada vez que le decimos a alguien te amo? No nos vendría mal un momento de oración. ¿Por qué no oramos?*

Cuando dos mundos se juntan

"Entonces se acordó de las palabras de Jesús, que le había dicho: Antes que cante el gallo me negarás tres veces. Y saliendo fuera lloró amargamente".
Mateo 26:75

La soledad y el problema son dos mundos, son los que en momentos determinados parecen juntarse delante de nosotros.

Mientras esta palabra brotaba en mi interior como lo hace una semilla que ha sido plantada, venía a mi mente la vida del apóstol Pedro. Qué momento de tensión tan grande tuvo que haber vivido, que terminó negando a Jesús, a quien le había dicho que si era necesario estaba dispuesto a morir por él. Jesús se lo había dicho, "antes de que el gallo cante, me negarás tres veces". Jesús acababa de ser arrestado y encima de esto Pedro se siente el hombre más despreciable del planeta, había sido incapaz de mantenerse firme ante la presión de aquellos que le insistían que él era uno de los discípulos de Jesús.

Puedes ir conmigo un momento a la palabra, repasemos uno de los momentos más importantes que Pedro había vivido con Jesús. El día que fue llamado a seguirle, ese encuentro con el maestro.

La pesca milagrosa; Lucas 5:1-11

"¹Aconteció que estando Jesús junto al lago de Genesaret, el gentío se agolpaba sobre él para oír la palabra de

Dios. ²Y vio dos barcas que estaban cerca de la orilla del lago; y los pescadores, habiendo descendido de ellas, lavaban sus redes. ³Y entrando en una de aquellas barcas, la cual era de Simón, le rogó que la apartase de tierra un poco; y sentándose, enseñaba desde la barca a la multitud. ⁴Cuando terminó de hablar, dijo a Simón: Boga mar adentro, y echad vuestras redes para pescar. ⁵Respondiendo Simón, le dijo: Maestro, toda la noche hemos estado trabajando, y nada hemos pescado; mas en tu palabra echaré la red. ⁶Y habiéndolo hecho, encerraron gran cantidad de peces, y su red se rompía. ⁷Entonces hicieron señas a los compañeros que estaban en la otra barca, para que viniesen a ayudarles; y vinieron, y llenaron ambas barcas, de tal manera que se hundían. ⁸Viendo esto Simón Pedro, cayó de rodillas ante Jesús, diciendo: Apártate de mí, Señor, porque soy hombre pecador. ⁹Porque por la pesca que habían hecho, el temor se había apoderado de él, y de todos los que estaban con él, ¹⁰y asimismo de Jacobo y Juan, hijos de Zebedeo, que eran compañeros de Simón. Pero Jesús dijo a Simón: No temas; desde ahora serás pescador de hombres. ¹¹Y cuando trajeron a tierra las barcas, dejándolo todo, le siguieron".

Ahí estaba Pedro cansado, toda la noche intentando pescar y nada. Justo cuando llega el maestro, Pedro está lavando sus redes para irse a casa, sin haber podido obtener su sustento. Es precisamente en ese momento cuando llega Jesús. Y en aquel momento no interviene para nada con el problema de Pedro, solo le pide que le eche su barca a la orilla para utilizarla como tarima para predicar. Él estaba desesperado, cansado y frustrado por la mala noche, pero Jesús estaba en su momento. ¡Qué momento! Yo puedo imaginarme todo lo que pasó por la mente de Pedro, ¿qué le pasa? Yo estoy agotado, no he pescado nada y a este solo se le ocurre predicar y desde mi barca. Puedo casi respirar lo glorioso del momento de Jesús. NO era la multitud, la cantidad de personas lo que lo motivaba, era la oportunidad de poder sembrar la palabra en todos esos corazones que se encontraban allí.

Jesús aprovechó todo aquel mal momento de Pedro para hacer lo que él había venido hacer. Pero no se olvidó de la necesidad que Pedro estaba experimentando. También era importante para él. Ese iba a ser el gran momento de encontrarse y quedar unidos para siempre. Aquel momento marcó la vida de Pedro. Jesús le llamó a dejarlo todo para seguirle.

Podríamos citar tantos momentos especiales de Pedro con Jesús.

Son esos momentos especiales que tenemos con el Señor los que marcan nuestra vida para siempre, que no pueden dejar de subir a nuestra memoria cuando estamos pasando por una situación difícil. Pedro estaba viviendo un proceso que no debió haber sido sorpresa para ninguno de ellos porque Jesús se los había repetido constantemente. Esto es lo que voy a estar pasando. Me van a arrestar, me van a azotar y voy a pasar por muerte de cruz, y al tercer día voy a resucitar, no debió haberles sorprendido pero sí les sorprendió. Todos se dispersaron y a Pedro se le juntaron dos mundos. El cielo y la tierra parecían ser uno delante de él.

El problema y la soledad. Lo que estaba pasando era real. Jesús había sido arrestado, ellos habían pasado tres años y medio con él. No era difícil identificarlos, tenía mucho miedo de que algo les pasara y encima de eso, acababa de negarlo.

Los problemas en nuestra vida no siempre vienen solos,

Martita Soto

ellos vienen acompañados de una inseparable amiga que se llama soledad. Mi madre decía que solamente tú y Dios pueden saber cuánto te duele eso que estás pasando. Junto con ese dolor viene el momento de una sensación intensa de falta de compañía.

Muchas veces esa sensación quiere y parece controlarte al punto que puede lograr paralizarte. Pedro lloró amargamente. No solamente Jesús ya no estaba con él físicamente, sino que también para él, con lo que había hecho, no se sentía merecedor ni siquiera de su recuerdo.

El experimentar soledad puede ser un proceso normal en nuestra vida, pero siempre recordando que todo estado que pueda aportar algo negativo a mi vida tiene que identificarse como uno en el que voy a permanecer, solo de forma temporal.

Te explico. No está mal pasar tiempo solo. Hay momentos en que es bueno y saludable. Pero cuando estos dos mundos se unen y se convierten en aliados, puede ser muy peligroso en mi vida espiritual y emocional.

Pedro tuvo que procesar el problema y la soledad. Me imagino que lloró por largas horas y hasta días. Nosotros también vivimos esta experiencia, lloramos y pasamos momentos muy tristes en soledad. Pero Dios siempre va a estar ahí para pasarnos a la otra orilla. Es solo un momento de transición. Así debemos identificarlo. ¿Por qué me siento solo? Es porque la experiencia de lo que me está pasando, aunque pueda estar rodeado de personas con buena palabra, que inclusive puedan estar conmigo y ofrecerme compañía, no tienen ni tendrán nunca la capacidad de saber y entender cómo me siento; realmente solo Dios lo sabe y me entiende. Por eso es importante identificar esta verdad y no permitir que la duda que siempre tratará de tener lugar en mi vida usurpe el lugar de Dios.

Dios nunca nos va a abandonar, aunque tengamos la experiencia de sentirnos solos, que es totalmente normal él está con nosotros.

Piensa: *¿Cómo te sientes hoy? ¿Te sientes solo, sola? ¿Cuánto tiempo llevas llorando? ¿Dios te dice yo te he visto y te entiendo? Es tiempo de salir de ese estado. La soledad y el problema no son tu compañero de viaje, ¡yo sí lo soy!, te dice el Señor.*

Martita Soto

Made in the USA
Middletown, DE
27 March 2022

63171050R00136